华章经管

HZBOOKS | Economics Finance Business & Management

德鲁克的自我发展智慧

［美］威廉·科恩（William A. Cohen） 著

祝亚雄 范盛伟 周骞波 等译

吴振阳 审校

Peter Drucker's
Way to the Top
Lessons for Reaching
Your Life's Goals

解 读 德 鲁 克

机械工业出版社
China Machine Press

图书在版编目（CIP）数据

德鲁克的自我发展智慧 /（美）威廉·科恩（William A. Cohen）著；祝亚雄等译 . —北京：机械工业出版社，2020.6
（解读德鲁克）
书名原文：Peter Drucker's Way to the Top: Lessons for Reaching Your Life's Goals
ISBN 978-7-111-65802-3

I. 德… II. ①威… ②祝… III. 德鲁克（Drucker，Peter Ferdinand 1909—2005）-管理学 IV. C93

中国版本图书馆 CIP 数据核字（2020）第 098047 号

本书版权登记号：图字 01-2020-2447

William A. Cohen. Peter Drucker's Way to the Top: Lessons for Reaching Your Life's Goals.
ISBN 978-1-911498-75-9
Copyright © 2019 by William A. Cohen.
Simplified Chinese Translation Copyright © 2020 by China Machine Press.
Simplified Chinese translation rights licensed by LID Publishing Limited arranged with Andrew Nurnberg Associates International Ltd. This edition is authorized for sale in the People's Republic of China only, excluding Hong Kong, Macao SAR and Taiwan.
No part of this book may be reproduced or transmitted in any form or by any means, electronic or mechanical, including photocopying, recording or any information storage and retrieval system, without permission, in writing, from the publisher.
All rights reserved.

本书中文简体字版经 LID Publishing Limited 许可通过 Andrew Nurnberg Associates International Ltd. 授权机械工业出版社在中华人民共和国境内（不包括香港、澳门特别行政区及台湾地区）独家出版发行。未经出版者书面许可，不得以任何方式抄袭、复制或节录本书中的任何部分。

德鲁克的自我发展智慧

出版发行：机械工业出版社（北京市西城区百万庄大街 22 号 邮政编码：100037）
责任编辑：赵陈碑　　　　　　　　　　　　责任校对：殷　虹
印　　刷：北京瑞德印刷有限公司　　　　　版　　次：2020 年 8 月第 1 版第 1 次印刷
开　　本：170mm×230mm　1/16　　　　　印　　张：18.5
书　　号：ISBN 978-7-111-65802-3　　　　定　　价：69.00 元

客服电话：(010) 88361066　88379833　68326294　　投稿热线：(010) 88379007
华章网站：www.hzbook.com　　　　　　　　　　　读者信箱：hzjg@hzbook.com

版权所有·侵权必究
封底无防伪标均为盗版
本书法律顾问：北京大成律师事务所　韩光 / 邹晓东

赞　誉

威廉·科恩博士又来了！你的新作《德鲁克的自我发展智慧》，让我克服了自满情绪，瞬间吸引了我的注意，促使我坐下来，学习一些新的经验，并更新一些已经陈旧和不再有用的理论。谢谢你的新领悟和新见解，谢谢你教给我们这么重要的东西。

iSub 技术公司首席执行官

阿里尔·科罗皮策（Ariel Koropitzer）

德鲁克帮助我在中国创建了彼得·德鲁克管理学院。很高兴看到他的思想和他对我的指导能够在此得到一并体现与阐述，从而让所有的管理者都可以加以运用。

彼得·德鲁克管理学院创办人，光华社会企业集团主席

邵明路

威廉·科恩的新著把德鲁克的智慧带到我们所有人的生活中来。本书易读、易懂、易用，每个人的书架上都应有这样一本书。

星巴克国际前总裁

霍华德·毕哈（Howard Behar）

威廉·科恩为我们做出了巨大贡献，他如实地梳理了德鲁克的海量著作，并把德鲁克的营销思想融会到一起。这项工作前所未有，我们应感谢科恩为此付出的努力。我们应感谢科恩收集了德鲁克有关营销的各个方面的众多观点，并将其整合到本书的 19 个章节之中。我极力推荐这部作品。

美国西北大学凯洛格管理学院营销学杰出教授

菲利普·科特勒（Philip Kotler）

我时常感到惊讶，威廉·科恩怎么能如此有效完美地利用自己师从德鲁克的经验，将德鲁克的理论与自己的研究结合到一起。如果你想要运用德鲁克的理论，这本书绝对是一个很好的开始。

圣克拉拉大学利维商学院院长荣誉领导力执行研究员，畅销书《领导力挑战》的合著者
吉姆·库泽斯（Jim Kouzes）

《德鲁克的十七堂管理课》（科恩博士的另一本书）远不是一本简单的书，它是一份珍贵的礼物。科恩在德鲁克相伴之下的旅程给我们增加了一个新的理解和欣赏的维度，也让德鲁克的思想对未来之人永葆生气与活力。

弗朗西斯·赫塞尔本领导力学会主席兼 CEO
弗朗西斯·赫塞尔本（Frances Hesselbein）

对我们这个时代的伟人所写的歌颂之词中，没有哪本能和这本相媲美。科恩在这本非同凡响的著作的每一页中都生动体现了德鲁克思想的精髓。

亿万富翁的商业教练，纳斯达克、《今日美国》、美林证券和考夫曼基金会全国企业家奖获得者
比尔·巴特曼（Bill Bartmann）

科恩以清晰和权威的笔触，描绘了当今世界领袖们所面临的重大挑战。科恩和德鲁克一样，强调领导力中所蕴含的责任和正直品质，当今社会极其需要这样的品质。我很愿意推荐这本书。

加州高级管理学院博雅管理研究中心学术总监，
《德鲁克日志》和《管理（原书修订版）》的合著者
约瑟夫·A. 马恰列洛（Joseph A. Maciariello）

目录

赞誉

推荐序（珍妮·达罗克）

第 1 章　德鲁克如何成就自己　/1

彼得·德鲁克是如何成为大师的　/3

德鲁克设计的成功之道　/4

德鲁克鲜为人知的大秘密　/5

不上大学如何成就天才　/6

公众工作伊始的公开耻辱　/7

变耻辱为掌声　/8

德鲁克的成就：不仅仅是让人震惊的预言　/9

我们如何知道德鲁克有自己的一套方法　/10

重新审视德鲁克离家时所发生的事情　/10

最后一步　/11

第 2 章　德鲁克职业生涯的四个创业策略　/13

德鲁克的四项系统性的基本创业策略　/16

主导新市场、新行业，或者缺乏服务的市场　/16

　　　　填补空白，开创新市场　/ 17
　　　　寻找并占据专业的利基市场　/ 20
　　　　换一种思路考虑财务特征　/ 22
　　　　创造实用性　/ 22
　　　　改变产品或服务的定价方式　/ 23
　　　　顺应客户的社会经济现状　/ 24
　　　　为客户提供真正有价值的东西　/ 25

第 3 章　**挑战不可能，创造非凡成就**　/ 27
　　　　德鲁克喜爱敢于挑战不可能的领导者　/ 29
　　　　挑战不可能的早期教训　/ 30
　　　　优秀联队的表现下滑　/ 30
　　　　挑战不可能，创造冰上奇迹　/ 32
　　　　文斯·隆巴迪和绿湾包装工队　/ 33
　　　　学术界挑战不可能的人　/ 33
　　　　惊人的成果　/ 34
　　　　没有报酬，你也可以承担领导者职责　/ 36
　　　　你要做的最重要的决定　/ 37
　　　　挑战不可能需要充分的准备　/ 37

第 4 章　**德鲁克对领导力和成功的真知灼见**　/ 39
　　　　战场领导力最具挑战性　/ 42
　　　　成功领导者的重要教训　/ 43
　　　　成功的精髓　/ 48

第 5 章　**德鲁克论正直、道德、荣誉和做正确的事情**　/ 51
　　　　不存在所谓的商业道德　/ 54

问题界定之后再开始工作 / 54

德鲁克的抗争 / 56

审慎观 / 57

利润观 / 58

孔子是个圣人,但是…… / 59

德鲁克对谎言的另类解读 / 60

道德决策取决于做正确的事情 / 60

合法与合理、道德或伦理之间的区别 / 60

德鲁克把敲诈和贿赂看作抢劫行为 / 61

德鲁克的真正信念 / 64

第 6 章 **如何精通业务** / 67

胜利或成功没有替代品 / 70

精通业务在商场与在战场同样重要 / 72

精通业务的四个方面 / 73

第 7 章 **期望及其表达** / 79

成为领导后,其他人就会期望你做好各种准备 / 81

弗雷德·史密斯如何创建了非常成功的联邦快递 / 82

愿景是最重要的 / 83

伟大的愿景总是力量无穷 / 83

诱人的愿景可以改变一切 / 83

组织领导者在愿景存在之前就能预见它 / 84

看见自己的期望,并表达出来 / 85

《圣经》:无愿景,人桀亡,但毛虫亦是如此吗 / 86

如何表达并实现所有的期望 / 87

明确期望 / 87

要让期望富有吸引力，就要问"为什么" / 91

必须制订计划 / 92

宣传促进期望是执行的重大部分 / 93

最后，倾听、反馈并调整策略 / 94

第 8 章 **非凡投入，砥砺奋进** / 95

妮科尔·迪翁和"原始尖叫" / 98

展现非同寻常的执着有什么作用 / 101

四种展现非同寻常执着精神的方法 / 102

我的朋友乔治·帕特森使人执着投入的故事 / 102

人们追随是因为他们知道目标很重要 / 104

他人追随你是因为他们知道你不会半途而废 / 105

并不让人扫兴，但她的确让员工放弃了圣诞节 / 106

冒险是成功的必要条件 / 107

执着意味着承担风险 / 109

第 9 章 **期望成功的重要性及成功之道** / 111

2000 多年前希腊将军对积极结果的期望带给我们的启示 / 113

学习期望积极的结果 / 115

如何培养期待积极结果的素质 / 116

树立自信 / 116

成为积极的思考者 / 117

想象自己所要的结果 / 120

做自己：不要假装做别人 / 122

保持热情 / 124

第 10 章　照顾好自己人　/ 125

照顾好自己人应做到什么程度　/ 127
这真的会发生吗　/ 128
想要照顾好自己人，就要做好这些　/ 128
成为人们遇到问题时能够求助的人　/ 129
优先考虑他人的需求意味着什么　/ 131
如果真的关心，就用应有的方式对待员工　/ 135
承担责任　/ 137
领导通过培训分享收获　/ 138

第 11 章　责任先于个人利益　/ 141

首席执行官的成功故事：把工作责任置于个人责任之上　/ 145
他因咖啡闻名，但也关心自己的员工　/ 149
创造 10 亿美元的销售额，却没有私人办公室　/ 150

第 12 章　亲临一线　/ 155

成功需要如何自我定位　/ 157
如何做到亲临一线　/ 158
凯撒大帝的杰出特征：他总是亲临一线　/ 158
面对巴西丛林中的猎头族和食人鱼探险取得成功的故事　/ 160
为什么必须亲临一线　/ 160
亲临一线的女性　/ 161
女飞行员取得了男飞行员所不能达到的成就　/ 162
亲临一线的人成为《时代》年度人物　/ 164
他亲临一线，走进垃圾堆　/ 166
航天员能给困境中的航空公司做些什么？亲临一线　/ 167

第 13 章　培养自信，克服恐惧　/ 171

　　婴儿学会走路之前得先学会爬行　/ 174
　　积小步成大步　/ 176
　　必须培养对组织的全面信心　/ 176
　　一个领域的自信可以转移到其他领域　/ 176
　　身体健康促进信心的建立　/ 178
　　化劣势为优势　/ 179
　　一旦有了自信，就能树立远大目标　/ 180

第 14 章　制定和实现目标：规划与策略　/ 183

　　目标管理的兴起　/ 185
　　目标需要经常审核　/ 186
　　有明确的目标，才可能获得成功　/ 186
　　审查可用资源　/ 186
　　防患于未然　/ 187
　　依靠他人　/ 187
　　简介　/ 188
　　形势分析　/ 188
　　问题和机遇　/ 188
　　目标和目的　/ 189
　　战略　/ 189
　　战术　/ 189
　　执行与控制　/ 189
　　执行计划的战略　/ 190
　　制定战略的重要原则　/ 190
　　看到机会，就制定出战略　/ 197
　　利华兄弟公司掌握各种资源并加以利用　/ 198

利华兄弟公司在领导层面还有秘密武器　/ 198

进入预料之外的情景　/ 199

产品发布　/ 199

第 15 章　成为变革型领导者，不断创新　/ 201

没有变革型领导者的组织会怎么样　/ 203

个人创新同样重要　/ 204

好的创意　/ 205

为什么好的创意常常会失败　/ 205

第一：意外　/ 206

第二：不一致　/ 207

第三：流程需要　/ 209

第四：行业和市场结构　/ 210

第五：人口统计特征　/ 212

第六：改变感知　/ 213

第七：新知识　/ 214

第 16 章　自我营销和推销　/ 217

德鲁克的自我营销和推销方法　/ 219

德鲁克走向巅峰的法则　/ 222

通往巅峰需要掌握营销和销售技术　/ 224

营销会淘汰销售吗？营销概念　/ 225

自我管理导向　/ 227

生产导向　/ 228

产品导向　/ 228

销售导向　/ 229

营销导向　/ 229

社会责任　/ 230

第 17 章 **德鲁克是如何影响他人的** / 233
  德鲁克是实践者，而不只是理论家 / 235
  两位副总裁间的竞争故事 / 236
  三位德国上校的故事 / 237
  他人更喜欢哪种沟通方式 / 238
  能不能让挑战变成趣事 / 245
  拥有想法、战略和目标的重要性 / 249

第 18 章 **如何应对风险** / 251
  将军和天才 / 254
  德鲁克对风险的四种分类 / 254
  面对任何风险都会心生恐惧 / 256
  分析问题不必花太长时间 / 257
  培养机会带来风险 / 259

第 19 章 **积极心态的重要性** / 261
  德鲁克众多的职业经历 / 263
  德鲁克对企业管理者不抱希望了吗 / 264
  你的态度积极吗 / 265
  幸福研究：如何立刻变幸福 / 265
  我的生活经历 / 267
  改变个人态度的一些不予推荐的方法 / 273
  坚持自己的积极态度 / 273
  态度可能是最重要的 / 274

译者后记 / 276

| 推荐序 |

威廉（比尔）·科恩[一]将军请我为他的新著《德鲁克的自我发展智慧》撰写推荐序，刚开始，我还有点勉强。作为彼得·德鲁克与伊藤雅俊管理学院院长，我负责德鲁克学院的日常管理，保护德鲁克的品牌，维护其知名度并与当今的读者保持联系，但我并没把自己看成是德鲁克的研究人员。当然，这并不是说我不了解德鲁克的作品，我很清楚，我只是没有花太多的时间去研究德鲁克所写的东西。还有其他不少人对德鲁克的工作有更加深入的了解。

所以，当我坐下来阅读比尔的手稿时，我不知道自己能对他的新书做些什么样的补充，或者应该讲点什么。

不过，我不得不说，我喜欢他的这部作品。其实，本书主要关注自我发展，但也比较全面地概括了德鲁克的工作，还列举了很多新旧案例来说明作者所提出的观点。就我个人而言，我很喜欢总结德鲁克生活的部分，比尔很好地讲述了有关德鲁克的众多话题。

因此，这是一部深思熟虑、写得很好的作品，读起来引人入胜。讨论的话题涉及创业精神、领导力、伦理、正直、道德和目标管理，不过

[一] William 的昵称为 Will、Bill 等。——译者注

比尔还概述了领导者的素质以及培养这些素质的指导原则。

我记了不少笔记,但我要强调以下引起我反思的两个方面。

第一个引起我反思的是,德鲁克说过:"成果是通过利用机会获得,而不是通过解决问题获得的。"(比尔在第 19 章开篇引用了这句话)。我经常想起这句话,因为我发现当今的管理人员,往往花费大量时间,一场一场地救火,或者执行各种对策去解决各种问题(即使该问题只发生一次)。这尤其适用于面临颠覆性变革的行业中的一些老企业,例如酒店(爱彼迎(Airbnb))、出租车(优步(Uber)或来福车(Lyft))、教育(在线课程或慕课(MOOC))或网络视频(Netflix 或 YouTube)。

作为管理人员,他们很容易陷入困境,每天的工作内容就是想方设法去解决不断出现的各种问题。但德鲁克主张,管理者应该转变思路,主动去发现并利用机会。简单地转换一下重点,就能对组织文化和员工投入产生巨大的连锁反应。我非常推崇这一点。

第二个引起我反思的是,第 5 章所讨论的道德问题的内容。在这一章中,比尔引用了德鲁克的另一句名言:"正直可能很难定义,但缺乏正直品质的任何一个要素的后果都很严重,会让人失去从事管理岗位的资格。"在第 4 章中,比尔提醒我们,德鲁克对品质的看法:"品质是骗不了人的。与他共事的人,尤其是下属,几星期内就会清楚他是否正直。他们也许会原谅一个人有很多方面的不足:无能、无知、缺乏安全感或者缺乏礼貌,但他们不会原谅一个人的不正直。"

这些引文明确提醒我们,如今我们处于一个非同寻常的环境,在这种环境下,世界上很多政治和商业领袖的确(起码有时候)会表现出缺乏正直的品质。

我们都在寻求指导原则,比尔在第 5 章中给出了自己的看法:"道德是价值观的准则,正直是遵守这种价值观的准则,美德是遵守这种价值观准则的品质和方式。"他接着说，德鲁克认为儒家思想是"所有准则中最为成功也最为持久的（价值准则）"，部分原因是孔子看重人与人之间，如雇主和雇员之间的相互依赖及彼此之间的义务。

看完这本书，我的收获是，它提醒我们有义务本着正直和负责任的态度开展领导工作，让组织经营良好，让组织的发展可以持续，并让与组织相关的人员功成名就。我还注意到，在一个全球高度互联的世界中开展业务，我们能从来自不同文化环境、在不同背景中经营企业的人那里学到很多东西。

最后，我要祝贺威廉·科恩将军的新作《德鲁克的自我发展智慧》成功出版发行。

珍妮·达罗克（Jenny Darroch）

彼得·德鲁克与伊藤雅俊管理学院院长

亨利·黄市场营销与创新教授

1

第 1 章

德鲁克如何成就自己

PETER DRUCKER'S WAY TO
THE TOP

作为高管和普通管理者,你最重要的资源就是你自己。

——彼得·德鲁克

彼得·德鲁克是如何成为大师的

全世界不计其数的管理者都听说过彼得·德鲁克这个名字。即使你没有涉足管理或商业，你也可能听说过，德鲁克是过去100年来，甚至是有史以来，最为著名的管理思想家。[一]但很少有人知道，德鲁克轻轻松松就可以成为自我成长和激励的大师，尽管他并不会自称为"大师"。德鲁克不仅坚信并讲授自我发展，还亲自践行他所开发的方法（他称为自我管理）。正如德鲁克研究者布鲁斯·罗森斯坦（Bruce Rosenstein）指出的那样，自我发展是德鲁克写作和教学的重要主题。[二]此外，德鲁克相信，每个人都应自己承担责任，学习自我发展的原则，并将其应用到商业实践中，以获得个人最好的成就。德鲁克认为这很重要，他说："作为高管和普通管理者，你最重要的资源就是你自己；组织不可能比你更好地成就你自己。"[三]

德鲁克在《哈佛商业评论》（*Harvard Business Review*）上发表的一篇文章中写道：

> 在我们生活的时代，机会前所未有。不论你的起点在哪里，只要有雄心，有干劲，有聪明才智，你就可能达到自己所选职业的顶峰。但机遇同时意味着责任。今天的企业并不管理知识工作者的职

[一] Harris, Kathryn. "Peter Drucker, Considered Greatest Management Guru, Dies at Age 95". *Bloomberg.com*, 11 November 2005. https://bit.ly/2K1zW2m.

[二] Rosenstein, Bruce. "Peter Drucker's Principles for a 'Total Life' <TNBS>", *The American Society of Mechanical Engineers*, March 2011. https://bit.ly/2mMzYSE.

[三] Drucker, Peter F. "Drucker: Manage Yourself and Then Your Company". Lecture before IEDC, 1996. *DruckerAcademy.com*. https://bit.ly/2LCwX5D.

业生涯。相反,我们每个人都必须做自己的首席执行官。

简而言之,只有你自己才能在职场中努力找到自己的位置,并知道什么时候做出变革。

只有你自己才能决定,在可能持续50年的工作生涯中始终全身心投入,并卓有成效。[1]

德鲁克设计的成功之道

我认为他并不是有意这样说的,但他的事业和成就印证了他的理念。德鲁克践行自己教学和写作所传递的内容,并且实现了自己最为崇高的目标和梦想。众多伟大的管理者和杰出教授加起来,才可能拥有德鲁克所拥有的头衔。然而,如果你在搜索引擎中输入"现代管理学之父",你就会发现,每次弹出的都是他的名字,无一例外。

这位成长于20世纪初的奥地利的羽翼未丰的年轻人,是如何成为能预测未来几十年大事件的预言家的,又是如何成为那些位高权重的管理者和国家首脑的顾问,并为他们出谋划策的呢?他是如何撰写著作,在去世多年以后,其著作仍为世界各地成千上万渴求成功的高管争相阅读的呢?这些人通常对其作品深入研读,认真反思,并将其智慧运用到企业、政治和宗教的管理活动之中。只有德鲁克获得了通用电气的传奇首席执行官杰克·韦尔奇(Jack Welch)(获评《财富》杂志"世纪最佳管理者"[2])、著名的马鞍峰教会(Saddleback Church)牧师华理克(Rick Warren),以及中国企业家邵明路的一致归功;世界各地的管理者和学界人士组成的正式团体都在研究德鲁克的思想和教诲。

---

[1] Drucker, Peter F. "Managing Oneself", *Harvard Business Review* 77, no. 2 (1999): 64-74.

[2] See TimeWarner press release "FORTUNE selects Henry Ford Businessman of the Century; GE's Jack Welch Named Manager of the Century". 1 November 1999. https://bit.ly/2NZaopi.

德鲁克鲜为人知的大秘密

我成为德鲁克的学生纯属偶然。互联网出现之前,他所在的学校,在一定程度上由于他的推动,提出了一个设想,让企业、机构的高管在职攻读博士学位。在我作为德鲁克的学生期间,以及我在军队里(当时我是空军少校;刚开始在军队服役时,我是西点军校的学员)的相当长的时间里,对于德鲁克所了解或推崇的军队训练、教育和自我发展的方法,我一无所知。一直到我获得博士学位,不再是他的学生之后,我才对此有所耳闻。从一定程度上讲,正是我从德鲁克那里学到的东西使我在退休前晋升为空军将军。

多年以后,他的妻子多丽丝告诉我,我是他最喜欢的学生。当然,我在当时并不知道这一点,也不知道其中至少有部分原因是我的军方背景。的确,他很少会引用军方的例子或统计数据来说明他想教授的管理学要点,但他常常会引用其他方面的知识进行讲解,从宗教到其他领域的都有。作为他的学生,我们认为这进一步证明了他的知识广博、经验丰富。他曾在课堂上评价第一次世界大战(简称一战)期间战斗中的巨大损失和失误,认为其原因在于"牺牲的将军太少"。这样的说法很奇怪。德鲁克无论如何都不是嗜血之人,他也不是提倡大军事或扩大国防预算的好战分子。按德鲁克的说法,这是历史上第一次由于技术原因,众多将军没有和服从命令的士兵一样冲锋陷阵,共同面对危险。这不仅影响了领导工作,而且影响了将军对战况的了解,并导致大量的决策失误和不必要的伤亡。

毕业之后,关于军队的话题,我和他有过多次交流,其中好几次都是他先开的头。他相当了解军事方法、训练、战略和后勤工作,这让我很是吃惊。他的确很了解我的职业。

在师从德鲁克之后,过了几年,我又在位于华盛顿特区的美国武装部队工业学院学习了一年。学习即将结束时,有人问我是否可以推荐一位懂些商业知识的嘉宾来做场公益讲座。当然，我推荐了德鲁克，但是我提醒邀请方，德鲁克很少会为了发表演讲而长途跋涉。那时候，他已经 90 岁左右了，我也不清楚他会不会接受邀请。显然，我的担心是多余的，当听到他接受邀请时，我惊喜不已。

2004 年，就在他去世前一年，他对军队的崇敬之情被证实了。他为弗朗西斯·赫塞尔本和埃里克·新关（Eric Shinseki）将军的著作《美国陆军领导力手册》(*Be, Know, Do: Leadership the Army Way*)（Jossy-Bass，2004）写了一篇推荐文章，有一句话是这样写的："陆军训练和培养的领袖人物比所有其他机构加起来都要多，而他们的伤亡率却更低。"

据此，我明白了德鲁克自我发展的秘诀，这是他从未透露过，也从未公开发表过的秘诀。德鲁克钦佩军队，并广泛阅读有关军事实践和战略的书籍，正如你将在本书中看到的那样，他把很多军事理念运用到了自己的职业生涯中。

不上大学如何成就天才

德鲁克曾说过，他之所以有了新的开始，是因为他被鼓励与父亲及其朋友进行对话。对于很多父亲，这可能很常见，但他们不会料想自己的子女会被人视为天才，或者视为某学科之父（而不只是孙辈的祖父）。很明显，不管怎样，德鲁克一开始就与众不同，他的思想变得越来越富有影响力和成效。他从自己的失误中学习，并在他长达 95 年的漫长一生中，不断完善自己的原则。尽管如今有不少人都能活到 90 多岁，但他们不一定能成为公认的"现代管理学之父"。多数人往往会在特定事情中犯同样的错误，不会有任何改进，而德鲁克克服了这一点。

随着年龄见长，德鲁克起初并不想上大学，至少不希望像多数学生那样。相反，他去德国汉堡的一家棉花出口公司当了学徒，从此离开了父母。当时，多数行业都采用学徒制，比现在更为流行。这个想法非常像电影《魔法师的学徒》(The Sorcerer's Apprentice)的情形。无论是希望成为魔法师还是其他什么，学徒都希望花时间掌握工作要领，以便能胜任某个职位。在学徒期间，德鲁克一直都去汉堡大学（Hamburg University）的夜校学习法律，尽管他的父母有钱（也想）供他像普通学生一样，去知名学府学习全日制课程。仅仅过了一年，德鲁克就放弃了学徒生涯，但学习仍然继续着。后来，他有了第一份工作——记者——为一家地方报纸《法兰克福纪事报》(Frankfurter General-Anzeiger)撰稿。离开汉堡搬到法兰克福后，他又开始在法兰克福大学（University of Frankfurt）的夜校学习了。他对我们（也就是他的博士生）解释道，他在毕业时拿到的是最容易获得的博士学位——国际公法（应用型）博士学位。

在写下这些话之前，我从未意识到，我们所有人（他当时的学生）都是或曾经是高级管理人员，而且我们也在当时的克莱蒙特研究生院（Claremont Graduate School）学习并攻读他新设立的研究项目中的博士学位。如今学院已更名为彼得·德鲁克与伊藤雅俊管理学院，是克莱蒙特研究生大学（Claremont Graduate University）的一部分。像德鲁克一样，我们多数人上的是夜校。校方要求我们在每个领域选修一两门课程，而不要求特别深入地了解某个领域，或在所选的商业专业选修多门课程，这与当前和以往的多数博士生都不一样。因此，尽管我们觉得学习很难，但在多数情况下，教授们觉得，我们的博士学位比较容易获得，这与需要深入研究以便在获得学位之后能在某个领域开展研究的博士不一样。这一定很像德鲁克在法兰克福大学攻读国际公法博士学位时的情形（他于1931年获得了该学位）。我们得知，德鲁克设立这个博士学位是为了培养"超级管理人"，以应对新世纪的新挑战。

公众工作伊始的公开耻辱

1929年，德鲁克作为记者和博士生写了一篇文章，对未来进行了乐观的预测，并认为全球股市会上涨。但他被迫于两周后在一份主流报纸上发文，讨论股市崩盘引发世界性大萧条的时候，收回了这些说法。[1] 这篇文章载于《法兰克福纪事报》上，用德语发表，文章题目是《纽约证券交易所的恐慌》。好的方面是，当时是德鲁克职业生涯的早期，他就学会了无所畏惧，公开承认自己极不准确的预测，甚至是重大错误……而且他也学会了绝不犯第二次相同的错误。

在过去几年里，我在国家电视台上看到了许多专家错误的预测。很少有人会承认自己的错误，多数人会在其对未来的预测中继续犯与之前类似的错误。德鲁克却不是这样。他从未犯过同样的错误，从此以后他不再试图预测股市。

变耻辱为掌声

德鲁克在整个职业生涯中不断做出各种预测。多数预测领先时代多年，而且几乎每个预测都堪称重大的成功：从 1939 年出版的《经济人的末日》(*The End of Economic Man*)（德鲁克的第一本书），获得了温斯顿·丘吉尔（Winston Churchill）的大力推荐（当时他还不是首相），到"知识工作者"（由德鲁克创造的一个词）的兴起，到保险行业如何成为主导他所选择的国家（美国）的重要因素（在预言之后 40 年出现），到国家如何为高管和工会的行为付出惨痛代价（预言超前数十年），到互联网高管教育的兴起，以及其他很多预言。事实上，读者几乎每天都能在生活中发现德鲁克所写的内容，注意到他预测未来许多年之后才会发生的重大事件的非凡能力。他的确是一位现代预言家，可匹敌诺查丹玛斯（Nostradamus），但他的预言并不是神秘主义和模棱两可！德

---

[1] Straub, Richard. "What Drucker Means Around the World", Perspectives. *People and Strategy* 32, no. 4 (2009): 4-5. Peter Drucker Society of Austria. "Peter Drucker as Journalist", Peter Drucker Society of Austria. https://bit.ly/2v994by.

鲁克自称，和他对股票市场的失败预言不同，他更为准确的预言来自"简单地透过现象看本质"（by simply looking through the window）（德鲁克原话），并留意先前发生的事件。然而，德鲁克所采取的关键一步，就是问自己，什么事件对于未来可能更有意义（而其他人不会这样做）。

德鲁克的成就：不仅仅是让人震惊的预言

德鲁克所做的不仅仅是预见未来，并把它记下来那么简单。20世纪50年代，德鲁克就率先提出，应把员工视为资产而不是负债。此外，他还提出，营销和销售不是同一回事。据我所知，他是唯一认为销售不属于营销（甚至还可能与营销存在对立）的人。德鲁克提出了分权的思想，这一观点为全世界几乎所有的大型组织所接受，也成了许多其他管理理念的基础。他提出了目标管理的思想，认为绩效评估不能根据总体情况或外在表现，而应根据主管及其下属事先制定的目标。他革命性地提出，"没有客户就没有企业，企业的目的不是盈利，而是要创造客户"，这是很奇特的观点。它解释了为何关注客户的企业会崛起，获得巨大的成功。那么你又如何解释史蒂夫·乔布斯（Steve Jobs）从大学辍学，创建了一个全新的高科技公司呢？乔布斯自己是这样解释的："如果只盯着利润，你会在产品上敷衍了事。但如果你关注的是创造真正伟大的产品，利润自然会随之而来。"⊖

德鲁克也不怕指出，众所周知的事情其实是错的。比较道格拉斯·麦格雷戈（Douglas McGregor）的X理论（独裁管理）和Y理论（参与管理），多数人会认为应始终采用Y理论，而不是X理论。德鲁克却指出，麦格雷戈的意思是，要深入研究这两种方法，根据具体情形来确定哪一种方法更适合激励员工，而不是机械地采用其中一种。

⊖ Jobs, Steve. *Motivating Thoughts of Steve Jobs* (New Delhi: Prabhat Books, 2008).

我们如何知道德鲁克有自己的一套方法

自我发展是始终贯穿德鲁克写作和教学的一个重要主题，却被几乎所有读者，包括至今还在研究德鲁克思想的人所忽略。德鲁克认为："重要的是，知识工作者，在人到中年之时，已经把自己培养成一个'人'，而不是税务师或水利工程师。"⊖

德鲁克不是贬低税务师或水利工程师，而是试图表达，根据他的定义，要成为一个人就必须花时间做得更多，甚至要精通一个以上的领域。并不是所有人都知道，除了撰写管理类图书，德鲁克在克莱蒙特研究生院任教时也是日本艺术学的教授，还曾与人合著过一本关于这方面的图书。实现自己的每一个目标，并成为众多领域的佼佼者，是他所践行的多个重要理念之一。德鲁克认为，每个人都必须在一个以上的领域成为专家，并且获得认可。这是他所发现、发展并实践的众多理论之一，最终让他取得了惊人成就。

晚年，他接受过一次采访。他在采访中讲到，自己运用四年级时学到的方法开展自学；14 岁时，他已经决定不上大学，至少不会循规蹈矩去经历选择学校、离开家庭、成为全日制学生。这种规矩的人生道路，在 20 世纪初德鲁克所处的奥地利很常见，到了 21 世纪，也仍是美国多数新生代知识分子的常规经历。⊜

重新审视德鲁克离家时所发生的事情

最初在天才德鲁克心中种下种子的，根据他在自传中的描述，是他被允许参加父亲和朋友的聚会，并开展平等的讨论。只是这样吗？德鲁克的父母，

⊖ Rosenstein, "Peter Drucker's Principles for a 'Total Life' <TNBS>".
⊜ Harris, "Peter Drucker, Considered Greatest Management Guru, Dies at Age 95".

和现在的很多父母一样，也想送他去上大学，但被他拒绝了。他喜欢选择一条不同的道路，于是开始了自己的学徒生涯。这可是件棘手的事。当时他的父亲阿道夫（Adolph）是奥地利的公务员，位高权重，足以在退休时获得奥地利皇帝颁发的勋章和荣誉证书。德鲁克的学徒生涯必然会让他那位保守的父亲担心，当然父亲肯定也会为他的法学学位感到骄傲。他的父亲是位律师。也许上法律夜校是他和父亲达成的一种协议，也是不让他父亲愤怒的一个办法。

然而，在晚上攻读法学学位，以及后来的博士学位，还不足以消耗德鲁克的全部精力。他开始了一个计划，大量阅读小说和非小说类书籍，涉及他所称的"方方面面"的内容。我不知道，他在工作和学习的同时，是不是真的看过这么多种类的书。在《德鲁克思想的管理实践》（*The Practical Drucker*）（AMACOM，2013）一书中，我说过，他的妻子多丽丝·德鲁克（Doris Drucker）在几年前接受采访时，曾被问及德鲁克在克莱蒙特研究生院都看过哪些管理类书籍。她泄露了一个重大秘密。德鲁克广泛阅读商业杂志和报纸，对于管理类书籍却只是泛泛浏览而已。不过，他的确看过很多历史类书籍，并从这些书中寻求修改后可用于企业管理实践的经验。无论如何，我们都应接受，自我训练是德鲁克成为天才的关键原则之一。此外，专注也是一个重要原则，他对此格外重视，也从未忽略过。

最后一步

要注意的是，在结束学徒生涯，获得法学学位之后，德鲁克既没有进入商界，也没有从事法律工作，而是做了一名记者，并同时攻读博士学位。其实在此之前，他已经进入了一个系统，1929年学徒生涯结束后，他离开汉堡前往法兰克福。他当上了一名记者，同时被录取攻读国际公法博士学位，这是他曾对自己的学生（包括我在内）宣称的，当时最容易获得的学位。于是，他又开始了一边写作一边工作的生活。不过，那个时候他已经决定要从事学术工作。他联系了在科隆大学（University of Cologne）工作的叔叔，向他寻求帮助，希望能获得一份教职。

然而，德鲁克还没来得及开始他的学术生涯，希特勒便于1933年上台了。虽然德鲁克和他的父母都信奉基督教，但有着直系犹太血统；不过，幸运的是，他有先见之明，能够清楚地预测到，犹太人（无论他们是不是基督徒）在希特勒统治下可能会遭遇到什么样的命运。于是他立即离开了德国。

很多与德鲁克有类似民族背景的同代人都不愿相信，希特勒上台所意味的结果。德鲁克看过希特勒的自传《我的奋斗》（*My Struggle*）。他知道，希特勒是欧洲最危险的人。而其他人认为，希特勒只是暂时的，很快就会过去。他们相信，犹太人在"文明"的德国不会遭受什么不幸。他们留在原地，等待一切恢复正常。最后，他们中的多数人遭殃了。

当时，德鲁克只有20多岁，一心向往在科隆大学谋得一份前途光明的工作。事实上，在希特勒成为德国元首的几天之后，德鲁克就舍弃了一切，离开德国去往英国。德鲁克也许已经知道，自己具有足够的智慧和力量以实现自己的抱负。这是不是真的，我们不得而知。我曾经看过一个故事，它是在四年后的1937年，一位与德鲁克一起坐船从英国前往美国的人讲的。那时候，德鲁克只有28岁，就已经描绘出了自己的未来，包括学术、创作以及咨询等方面。他最终实现了自己的目标，而且声名远播世界各地。当然这一切不是一蹴而就的。本书不太关注他做了什么，而是关注他是怎么做的；告诉你如何把他的方法加以改进，用来实现你的梦想，成为你想要成为的自己，并实现自己独特的目标，正如德鲁克一样。那么，接下来我们进入第2章，看看你应该怎么做。

第 2 章
德鲁克职业生涯的四个创业策略

PETER DRUCKER'S WAY TO
THE TOP

企业家总是在寻求变化,顺应变化,并利用变化使之成为机会。

——彼得·德鲁克

德鲁克一辈子几乎都在为各类大型公司提供咨询服务，且成绩斐然，至臻完美，而在 1985 年，他出人意料地出版了畅销书《创新与企业家精神》（*Innovation and Entrepreneurship*）。㊀ 他在书中不仅论述了小组织如何才能战胜一般的竞争对手，还论述了它们如何才能与各类巨头竞争，并超越它们。事实证明，德鲁克具有创作这样一本书所需要的知识、激情和声誉，因为他是 20 世纪 50 年代初最早在纽约大学开设创业学课程的教授之一。

德鲁克认为，与大型竞争对手相比，小企业拥有重要的优势，如果利用得当，必然成效显著。其中一大优势就是它们可以快速决策，迅速执行。而为了获得员工的"配合"，大型组织则需花费更长时间做出决策或回应对手的行动。此外，因为其他简单的战略现实，较小的企业能够专注于大公司所不屑投资的市场。例如，在计算机时代早期，一家仅有 96 人、专门从事教育领域计算机生产的不知名小公司——ICS 公司，竟然能和强大的国际商用机器公司（IBM）正面交锋。与 IBM 相比，这家公司微不足道，最终却迫使其强大对手退出市场。的确，IBM 本可以轻松碾压这家小公司，但因为它有更好的选择，即占领其他利润更为丰厚的市场，所以放弃这个规模较小、不够重要的市场，将其留给微小的竞争对手就不足为奇了。

德鲁克开始认真思考各种特殊策略，使小企业可用来获得良好优势。他把自己的思考结果系统地归纳为四种创业策略。这些策略同样适用于较大规模的组织。事实上，它们可为任何实体所用，若条件合适，必是制胜策略。

㊀ Drucker, Peter F. *Innovation and Entrepreneurship* (New York: Harper & Row, 1985).

试想，多数组织已经掌握创业需要的具体技能，却往往未能加以充分利用。其中包括拥有分析形势、应对风险的意愿，然后在执行策略过程中，在必要时还需要有承担风险的勇气。创业的成功实践也需要有避免拖延的道德勇气，需要制定决策，然后加以执行。德鲁克自然具备这种能力。然而，具备道德勇气、克服迟疑还需要采取系统的行动。他创立了四项策略和众多子策略，用于自己的管理咨询职业生涯。同样，你也可以从中受益。

德鲁克的四项系统性的基本创业策略[一]

- 主导新市场、新行业，或者缺乏服务的市场。
- 填补空白，开创新市场。
- 寻找并占据专业的利基市场。
- 换一种思路考虑财务特征。

德鲁克在自己的职业生涯中使用过这四种策略。他认为，这些策略彼此之间互不排斥，并且可以同时运用，他自己就是这样做的。

主导新市场、新行业，或者缺乏服务的市场

这个策略的基本思想非常简单，你只需要先人一步，进入并主导某个市场或行业。没有服务的市场不一定是新的，但为人们提供恰当或更好的服务，则可能就是创新和与众不同的。

德鲁克在第二次世界大战（简称二战）之后就开始了商业和管理方面的写作工作。那个时候，他参与了通用电气公司（General Electric，GE）的一个

[一] Ibid., 209.

重要研究项目。他早先创作过一本有关行业市场分析的著作，表现出了很好的分析能力。毫无疑问，他的分析能力帮助他获得了这项工作。在该项研究及其结论性著作《公司的概念》(Concept of the Corporation) 一书中，[一]他发现管理活动几乎均被视为偶然性的活动。企业通常会设立财务部、会计部、人事部、生产部和销售部等，唯独不会设立管理部，至今也是如此。所有部门都需要管理职能，其中有些次级职能通常被纳入当时的人事部（现在通常被称为人力资源部）。事实证明，德鲁克的确对管理进行过深入思考，并视管理为所有部门都必须掌握的专门职能。

德鲁克曾去一家书店购买管理类书籍以帮助自己早期的研究工作，和现在不同，当时书架上的管理类书籍寥寥无几。他决定改变这一现象，经过多年的研究、实践和分析之后，他开始创作。他的著作很快就主导了管理类书籍的市场。这一过程中，他有意无意地表示过，要真正形成自己的影响力，他的著作必须填补先前的某些空白。于是，他出版了《管理的实践》(*The Practice of Management*) 和《卓有成效的管理者》(*The Effective Executive*) 等作品。[二]从根本上讲，他通过创作建立了现代管理学科，激励了众多学者在这个相对无人涉足的领域开展研究、发表成果，并因此培育了一个尚未有效开发的市场。

填补空白，开创新市场

德鲁克认为，存在两种基本方法可以用来弥补市场缺失的内容。

- 模仿既有的成功，但以创新方式填补所缺失的内容。他称之为"创造

[一] Drucker, Peter F. *Concept of the Corporation* (New York: John Day, 1946).

[二] Drucker, Peter F. *The Practice of Management* (New York: Harper & Brothers, 1954) and *The Effective Executive* (New York: Harper & Row, 1967).

性模仿"（creative imitation），这一术语最初为当时在哈佛大学任教的营销学教授西奥多·莱维特（Theodore Leavitt）所创。

- 找出已有却不成功的产品。他富有想象力地把这种方法命名为"创业柔道"（entrepreneurial judo）。

一种基本方法针对的是成功产品，另一种则针对不成功的产品，对于这种思路，我一直觉得很有意思。

德鲁克在他的管理咨询方面已经有效地开展过实践。他的咨询方式与众不同。他会向客户提出各种问题，激发他们认真深入思考，从而自己找出正确的解决方案。几乎所有咨询师都是让客户来提问题，他们以为，咨询师的职责就是运用自己的研究成果和实践经验，为企业提供解决方案。德鲁克则认为，提出正确的问题是咨询的关键所在。他指出，在分析自己的情况并找出正确方案方面，客户总是处于更有利的地位。毕竟，客户才是专家，浸淫在自己的领域多年，经验丰富，而咨询师则不然。他怎么能这样做呢？咨询师不应是各行各业的行家里手吗？的确如此，德鲁克在从事咨询时，首先向客户提出问题，发现症结所在，接下来加入通常咨询中所缺失的部分内容，即运用客户自己的专业知识来解决这些问题。比如，他曾向获评《财富》"世纪管理者"的杰克·韦尔奇提出过一个著名的问题。当时，韦尔奇刚就任通用电气公司首席执行官不久，德鲁克问他："是不是有些业务领域，通用电气如果当初没有进入，现在就不会进入了？如果有，你打算怎么处理？"

德鲁克告诉学生，在咨询工作中，他不是把自己的知识和经验，而是把自己的无知和具体经验的缺乏，带入到某个行业之中。他这样做显然没有妨碍自己提出有效的咨询建议。德鲁克每天运用自己的"无知"做几个小时的咨询服务，收费甚至高达10 000美元。

IBM 如何利用创造性模仿窃取苹果公司的市场

生活并不公平，商业亦是如此。IBM 曾考虑过退出个人计算机（PC）市场，因为他们在市场研究中做了错误的假设，以为个人计算机的大小和成本必然会和自己已经在生产的大型工业计算机相同。公司由此通过计算得出，每年个人计算机的需求规模仅仅为 1 000 台左右。然而，苹果公司史蒂夫·乔布斯对市场需求的假设并不存在这种局限性。他看到了市场需求，冒险投入，设法汇集了甚至根本不存在的资源，创造了整个个人计算机行业。而他自己甚至没有博士学位，投入有限，也几乎没有任何资源。IBM 却犹如庞大帝国，强大无比，当然他们也决定对此反击。在他们做出这个决定时，苹果公司已经找到了市场，开发出计算机和操作系统，成为行业的标杆，并已占据相当大的市场份额。如果把 IBM 所面对的挑战转变为课堂问题，很多学生可能会这样预测，该公司自然会在产品技术上实现突破。事实上，IBM 所加入的要素并不是其技术优势；他们所做的仅仅是制造出运行良好、质量可靠的机器，充分利用公司已有的品牌和分销体系。最重要的是，他们允许任何人为其系统编写软件，而苹果电脑是不允许这一点的。运用这项策略，IBM 在短短两年内就占领了大量的市场。因此，填补市场空白可以取得成功，创造性模仿也同样有效。

创造性模仿为何频频超越创新者

德鲁克认为，创业柔道是风险最低的策略，因为创新者经常会在自己的原创产品中犯下各种失误。因此从最先进入者手中抢走市场比较容易。有人可能会说，IBM 所采取的策略综合了创造性模仿和创业柔道的要素，因为苹果公司在企图控制其系统软件方面出了差错。有这个可能。要知道，柔道的秘诀在于利用对手的力量来对付他自己。用德鲁克的话，这可能表明创新者也许在无意中轻视了自己所发明的产品。

日本人在无意中掌握了晶体管和无线发射技术，并取得巨大的成功。其实"晶体管"这个术语是由美国人约翰·皮尔斯（John Pierce）创造的。贝尔实验室（Bell Labs）发明了这个产品，却忽视了它，因为他们认为在生产中无法真正运用这种技术。可是索尼公司却做到了！

有的创新者相信自己可以为所欲为，不必担心对手的行动。创新者总会在产品价格问题上犯这类错误。他们发明一种性能优越的产品，就会坚持以"市场能承受的最高价格"进行定价，错误地以为别人进不了这个市场。可是，定价过高几乎注定会引来竞争对手，而且价格越高，吸引来的对手就越多。

创新者还可能会对"什么构成客户的价值和品质"产生误解。其实，是用户而不是供应商决定了什么有价值，什么没有价值。换句话说，供应商会试图实现利润最大化，而不是产品最优化。亨利·福特（Henry Ford）成功创造和生产了人人都买得起的T型车之后，就是这样做的；他坚持自己那个著名（或臭名昭著）的做法，购车者可以选择任何颜色，而这些颜色只有各种黑色。这种傲慢使福特将这种"人人都开得起的车"保持了四十多年的领先优势让位于通用汽车（General Motors）。因为通用公司推出了T型车所没有的多种颜色和多种配置的选择，而且价格也很有竞争力，这些对众多寻找经济型汽车的潜在客户来说很有吸引力。

寻找并占据专业的利基市场

德鲁克的第三种创业营销方法，在本质上是菲利普·科特勒所提出的利基营销策略。德鲁克称它为"生态利基"（ecological niche），指的是特定有机体在自己的生态系统中的位置或功能。德鲁克对这种方法进行了区分，和前面强调竞争的策略不同，这种方法强调的是占领并控制市场。他认为，占据一个生态利基可使营销人员完全免受竞争的影响，因为重要的是，不管产品是否必不可少，不引起他人注意，或者占据一个看似潜力有限的市场，这样没什么人会参与竞争；而等他们反应过来时，为时已晚。营销人员应把自己的产品或公司放到最优的利基市场，放到自己的生态系统之中。这里，我要再次提到 ICS 这家小公司。它曾在计算机战争初期与强大的 IBM 开展过竞争，让 IBM 认为不值得参与竞争，从而主动退出市场。实际上，占据生态利基是金伟灿（W. Chan Kim）和勒妮·莫博涅（Renée Mauborgne）合著的畅销书《蓝海战略》(*Blue Ocean Strategy*) 中提出的一个说法。⊖

德鲁克总结出三种截然不同的路径来实施这种方法。第一种，他认为要获得关卡位置。换句话说，控制竞争对手所需要的重要材料，没有你的供应，对方就做不成生意。塞拉工程公司（Sierra Engineering Company）就占据了这样一个关卡位置，成为唯一能生产飞行员氧气呼吸面罩所需要的独特阀门的公司。如果想销售氧气呼吸面罩，你就需要这种阀门。

另外两种占据专门生态利基的方法是，掌握专门技能和在专业市场工作。如今的生活中，专业分工非常明显，掌握一门专业技能，找到一个竞争对手很少的市场并不困难。以前，脊椎按摩师就是脊椎按摩师，内科医生就是内科医生。如今，它已不再是这两种职业的准确描述。人们会轻易说起肿瘤专家或专门治疗癌症的医生，或者有多少医生不仅是外科医生，还是心脏病专家，而后者，又有多少是做心脏移植手术的？如果你想找一位经专业委员会认证的上颈椎指压治疗师，全美国只有不到 100 位。我认识的一个人，他每年有好几次要驱车数百英里⊜去另一个城市接受这样的治疗。你如果需要这种

⊖ Kim, W. Chan and Renée Mauborgne. *Blue Ocean Strategy: How to Create Uncontested Market Space and Make the Competition Irrelevant* (Cambridge, MA: Harvard Business School, 2005).

⊜ 1 英里约 1.6 千米。

专门服务，大概也得这么做。ICS 公司就是这种在专业市场竞争中做得很好例子。的确，如果 IBM 愿意，它本可以迫使 ICS 公司退出这个市场；但它有其他的选择，于是没做太多挣扎就选择放弃了这个市场。

换一种思路考虑财务特征

德鲁克提出的最后一个创业策略是唯一不需要引入创新的方法。这种方法的策略本身就是创新。这些创新策略分为四个不同的类型，最终目的是创造客户，这是德鲁克首次探索管理实践以来所一直坚持的目标。德鲁克的四种不同类型的创新有：

- 创造实用性。
- 改变产品或服务的定价方式。
- 顺应客户的社会经济现状。
- 为客户提供真正有价值的东西。

创造实用性

许多年以前，我在芝加哥大学学习经济学时就已经了解，实用性是衡量效用的简便方法，而效用则代表了客户的相对满足程度。德鲁克方法的第一个策略，就是需要改变产品或服务来增加客户的满足感。冰激凌蛋卷就属于这种类型。有很多关于是谁最早想出这个创意的说法，但第一个专利是 1903 年签发给一位名叫伊塔洛·马尔基奥尼（Italo Marchiony）的意大利移民的。早在 1896 年，他就想出了这个创意，用来解决自己和其他冰激凌店主用玻璃容器盛冰激凌时，客户常常打碎或不小心带走容器的问题。他增加了产品的实用性，让客户可以吃掉先前可能会被带走的容器。这样一来，售卖人员节省了先前丢失玻璃容器的成本，也提高了自己的满意度。增加实用性的办法数不胜数。健身器材制造商上传与该器材配套的健身教程项目，以供器材买家下载使用。饭店每餐免费赠送一杯葡萄酒，让用餐体验更加愉悦浪漫。电影院增加美食、葡萄酒和订座服务，使得人们去电影院不只是看电影，从而增加了观影体验。美国邮政局为托运人提供多种尺寸的免费盒子，优先发送，服务便捷，按照每个盒子的大小统一收费，而不再按重量收费，邮寄包裹更为轻松便捷。这种方法的实用性淋漓尽致地体现在其口号上——"合（盒）适就发送"，销售额因此大幅增长。创造实用性很简单，你所要做的就是问问自己，从客户的角度看，做什么能真正让事情变得更加简单，或者变得更好做。

改变产品或服务的定价方式

自以为聪明的营销人员总是在定价方式上做文章。然而，德鲁克在创业营销上做得更为深入。他认为，产品定价应根据客户的需求，以及他们所购买的产品，而不是根据商家所销售的东西来决定。个人摄影行业为这个方法提供了很好的例子。谁会想到，照相机会连同胶卷一起卖给客户呢？毕竟，这两者都不是客户想要的。他们真正想要的是照片。因此，如今客户可以买到一次性相机、胶卷，然后以经济合理的价格冲洗出照片。还有的商家想出了把胶卷免费邮寄给客户的创意。你拍完照之后，只要把拍好的胶卷放进密封袋里，附上支票，列出想要冲洗照片的张数和种类，然后寄给照片冲洗店。交易完成后，你还会获得两卷免费的胶卷。当然，如今甚至不需要购买纸质照片，你可以把照片刻到光盘里。随着数码相机和手机内置相机的出现，现在的需求主要是照片存储卡。不用担心，商家会为你保存好数码照片，而且很多时候不会向你收取任何费用。他们甚至会帮你创建相册，并把相册以电子邮件的形式寄给你的朋友和家人。当然，他们也会适当定价，为你提供纸质照片、光盘，或者为你把照片印在卡片、咖啡杯或其他物品上，这些才是商家真正获利的地方。邮局根据向你提供的与所寄物品相适应的箱子尺寸进行定价，也是改变定价方式的一个例子。请注意，已经从以前按卖方所出售的东西，如相机、胶卷、照片冲洗服务等来定价，转变为按消费者真正想要的东西来定价，这就是本策略的秘诀。

顺应客户的社会经济现状

众多营销人员以为"客户是非理性的"，德鲁克却不这么认为。他说，营销人员必须假定客户总是理性的，尽管这种现实与营销人员所假定的现实相距甚远。玛丽·凯·阿什（Mary Kay Ash）是享誉世界的玫琳凯化妆品公司（Mary Kay Ash Cosmetics）的首席执行官。她从区区 5 000 美元的投资起步，打造了市值数十亿美元的大公司。她曾讲过这样一个故事：她如何攒钱为自己购买第一辆新车作为生日礼物。她做过财务分析，看了众多厂家生产的各种不同型号的汽车，比较了所有的价格，最后选择了一款自己想要的车。不管你信不信，她的手提袋里当时就装着买车所需的现金！可是，在那个年代，多数女性不买车，因此她被当时唯一出售她想要的汽车的销售员忽视了。最后，她还是引起了对方的注意，对方态度却非常傲慢，她不得不直接去找经理，却被告知经理在外用餐，要一小时以后才回来。为了打发这一个小时，她走进附近一家汽车展销厅。在那里，销售人员热情地接待了她，并没有因为她是女性而怠慢她，于是她放弃了先前的决定，买下了这位销售员向她推荐的轿车。她没有再回第一家经销商去找那位经理。这不理性吗？也许，但在她的现实情形中看就不是这样了。同样，进行战略定价时需要考虑到这一情形。面对多个产品，如果不清楚哪个最好，却又需要马上做出购买决定时，你怎么才能判断哪一个质量最好呢？很多客户会选择最贵的那个。这不理性吗？根据他们的现实情形并不是这样的。记住，客户的社会经济现状至关重要。

为客户提供真正有价值的东西

真正的价值和质量一样，取决于客户，而不是营销人员。这很重要，因为客户或集团买家不是在购买某个产品或服务，他们购买的是自己欲望或需求的满足。这就是说，他们所购买的是价值。

有些企业斥资数百万美元，增加自己认为代表更多价值的客户会喜欢的额外配置。可不幸的是，客户可能并不买账，觉得这些额外配置没有什么价值。对于年轻人，价值可能主要取决于是不是时尚，即当时当地年轻人所穿的时尚。舒适感则可能屈居第二位。对于有些年轻人的父母，价值可能表现为耐久性。而对于其他父母，价值可能表现为价格。这就是为什么要事先开展研究，了解谁在使用产品或服务，谁可能影响购买决定，谁在出钱。重要的是客户和（直接或间接）影响客户的每一个人（而不是供应商或营销人员）所认为的价值。有些营销人员同样觉得这不合理，但要知道，价值就是客户现实的一部分。

第 3 章
挑战不可能，创造非凡成就

PETER DRUCKER'S WAY TO
THE TOP

一项新科技要想取代旧科技,就必须具备 10 倍的优势。
——彼得·德鲁克

德鲁克写作探讨过什么是可做的事情，几乎涉及每一个领域。他列举了古代以来许多创造了不可能做到的非凡成就的杰出领导者。他最喜欢的领导力方面的著作是色诺芬（Xenophon）写的《远征记》（*Anabasis*）。该书成书于2 300多年前，色诺芬是当时著名的历史学家。但在从事历史写作之前，色诺芬是一位由士兵推选出来的希腊将军，他的前任因遭敌人诱骗，未带武器赴宴而被杀害。色诺芬的职责是带领10 000多名群龙无首的希腊士兵，在远离海岸、敌众我寡的情况下深入敌境，从波斯腹地行军1 000多英里抵达黑海。这的确是"不可能完成的任务"，但色诺芬却成功地做到了。

德鲁克喜爱敢于挑战不可能的领导者

进入现代，德鲁克最喜爱的领导者包括通用电气的传奇首席执行官杰克·韦尔奇，他曾让通用电气的销售收入提高了1 300亿美元；弗朗西斯·赫塞尔本，在女童子军处于低谷时期担任首席执行官，彻底改变了这个组织，她本人也被克林顿总统授予了总统自由勋章；以及华里克，他创建了美国发展最快的教会——马鞍峰教会，教会人数从华里克初建时的200人，发展到了20 000人，成为美国的第八大教会组织。

非凡的领导者敢于挑战不可能，因此他们才能取得非凡的成就。对于这些挑战，平庸的领导者认为永远不可能实现，而这些挑战却天天都有人战胜。敢于挑战不可能，创造非凡成就，非常恰当地描述了德鲁克认为的任何组织的成功理念。

挑战不可能的早期教训

年轻的时候，作为一名空军中尉，我在俄克拉荷马州阿尔特斯空军基地的第 11 轰炸联队服役。这是战略空军最优秀的 B-52 轰炸联队之一。它曾是唯一在轰炸和航行精度比赛中三次获得令人羡慕的费尔柴尔德奖杯（Fairchild Trophy）的联队；还是少数几个从未在组织战备检查（ORI）测试中失败的联队之一，该测试对于检查联队飞行和战备技能十分重要。在领航、轰炸、空中加油和其他现代空战项目中，联队机组人员的飞行技能一直表现卓越。这些技能在当时的美国至关重要，对整个世界可能也是如此。因为当时正值冷战的黑暗时期，美国和苏联这两个超级大国针锋相对，都拥有毁灭性的核武器。双方的战略都是确保有能力摧毁对方，且彼此都清楚核战会导致相互毁灭，并以此作为威慑，实现和平。如果一方实力下滑，另一方可能就会冒险（只是假设）先发制人，发起攻击。

优秀联队的表现下滑

有几个月的时间，有一个联队，就是我所在的联队，成绩开始下滑。我们没能成功完成一些训练要求。由于维护问题，有几架飞机不得不推迟起飞。我们失去了使命感，甚至还有一次没能通过组织战备检查。曾经的我们可是战略空军最优秀的三个轰炸机联队之一。从仅靠星星导航，到电子测量炸弹所要轰炸目标的距离，我们对各种指标进行衡量打分，在我们同样的管理控制系统中，我们曾经名列前茅，现在却垫底了。

一天晚上，我的机组人员正在担任警戒，我接到基地行动部门的紧急电话："从基地来了一位新指挥官，他的名字叫威廉·凯斯（William Kyes）上校。不要挡他的道。"

我们不可能不挡道，因为在凯斯上校来访的那天晚上，我们正挂着核弹在跑道上担任警戒。他取消了所有外出请假。各种形式的自由时间都被取消，除非另有通知，这包括了周末休息，甚至还包括执行飞行任务后的休息。凯斯上校把他认为工作能力差的指挥官和工作人员立即调到了几乎或根本不用承担责任的岗位上。他还鼓励其他人退休。没有谁的天职是神圣不可侵犯的，只是我们的使命显然更为重要。

凯斯上校分别会见了联队里向他汇报工作的 1 500 名军官和飞行员。他告诉大家联队的目标是什么——战略空军中的顶级联队——并明确告诉我们应如何回到顶级序列。他要求我们在执行每一个飞行任务之前，都要向他本人或他的参谋简报任务情况。此外，飞行员必须和投弹手、领航员一样充分了解目标。投弹手和领航员也必须能协助飞行员的工作。

如果你想调出联队，凯斯上校会允许你走。但如果想留在这里，你就得努力工作。而这是在和平时期，只是备战而已——我们并非真正要和谁打仗。

起初，我们都讨厌凯斯。我们的妻子或女朋友也都很恨他。那些职业生涯被他影响的人尤其恨他，的确也有人离开了空军。没有凯斯上校时，这是很辛苦的工作，但有了他，我们就更辛苦了。但是慢慢地，我们的努力有了回报。我们进步了，我们的炸弹都能正中目标了。维护问题也开始消失，并且都能准点起飞了。地勤人员和维修人员把飞机维护得很好，飞行状态比以前任何时候都出色。不论是飞越海洋还是北极上空，领航员都能根据六分仪、太阳或星星来定位，始终让飞机保持在航线上。机组人员、地勤人员和各种支持人员团结一致，紧密合作，成绩斐然。

凯斯上校到任几个月之后，我们又接受了组织战备情况的突击检查。我们不仅通过了测试，得分也比以往任何时候都高。现在我们名列第一，同时也发生了一件怪事。我们为自己感到自豪，也因凯斯作为我们的指挥官而感到自豪，我们对他的憎恨变成了尊敬。几个月后，在凯斯上校被提拔为准将，并准备离开第 11 轰炸联队时，大家心中都产生了一种真实的失落感。我们对他的尊敬转变成了爱戴。

由于疾病，凯斯上校英年早逝，他的晋升也止步于准将。要不是因为这种不幸，我相信他一定会一直晋升，最终能成为四星上将。

凯斯上校的方法带给了我一些关于领导力的重要启示，以及一个人在帮助团队实现目标时可能产生什么样的影响，尤其是如果这个人敢于挑战不可能的话。毫无疑问，要使一个团队在沉沦为无名之辈的几个月之后，经过重新整顿，扭转乾坤，从而回到最高水平，几乎是不可能的。然而，我不止一次见到这样的成功，德鲁克也见到过。不论在大组织和小组织、军队和民间、正式组织和非正式组织中，我都曾见过这样的成功。德鲁克清楚地知道，一个人及其领导力对于成败至关重要。换句话说，你可以通过带领大家挑战不可能而赢得胜利。但是，这不仅仅只是某位领导者，或者某个个人在做，而是整个团队都要有"摘星之志"——敢于挑战不可能。而它适用于所有类型的组织，包括体育运动类组织。

挑战不可能，创造冰上奇迹

1980 年的冬季奥运会上，苏联冰球队是当时最被看好的队伍。该队曾赢得自 1954 年以来几乎所有的世界锦标赛和奥运比赛，是此前连续四届奥运会的金牌得主。苏联队的主力队员都是该项运动的传奇人物，美国队根本不是它的对手。两队队员甚至都不在同一个级别。美国队只有一位队员参加过上届奥运会，而苏联队的多位队员是红军中全职备战奥运会的运动员。苏联队有充裕的时间和足够的资源，达到并保持最佳状态。而美国队则是由一群刚选出来的业余球员和大学生球员组成。他们彼此互不相识。球队队员之间甚至还存在一些敌意，来自两所大学的几位队员曾因彼此之间的激烈对抗而心怀芥蒂。要把这样的一支队伍团结起来，并赢得胜利，似乎就是一项不可能完成的任务。然而，让所有人吃惊的是，美国队的教练赫伯·布鲁克斯（Herb Brooks）让整个队伍团结起来，挑战了不可能，并取得了非凡的成绩。美国队打败了所有其他国家的对手，进而战胜了实力强大的苏联队，赢得了奥运会金牌。

文斯·隆巴迪和绿湾包装工队

你一定听说过伟大的美式橄榄球教练文斯·隆巴迪（Vince Lombardi）的故事。据说他曾讲过："赢得胜利并不是一切，而是唯一要做的事情。"我听说，他真正讲的是："赢得胜利并不是一切，不想赢才是。"隆巴迪在绿湾包装工队前路未卜的情况下接任了主教练职位。而在隆巴迪接任教练的前一年，该队的战绩是一胜一平十负，是该队历史上最糟糕的一年。在隆巴迪担任主教练的第一年，包装工队就赢得了7场胜利。在此之前，很多人认为这是不可能的。不少观察家称它是"独一无二的不可能再有的奇迹"。尽管社会评价不一，隆巴迪还是被评为年度最佳教练（Coach of the Year）。多么奇怪，几乎是同样的球员，隆巴迪上任的第二年，绿湾包装工队就赢得了美国职业橄榄球大联盟（NFL）的地区冠军，差一点就赢得年度总冠军。第三年，隆巴迪率领队伍赢得了总冠军。同样的一群球员，在隆巴迪到来之前是一群失败者。之后，隆巴迪继续带领球队连续三次夺得联赛总冠军，没丢过一场球，在七年内共获得了五次联赛总冠军，包括1966年和1967年两个职业橄榄球大联盟的超级碗冠军。想成为冰球教练赫伯·布鲁克斯或橄榄球教练文斯·隆巴迪那样的人吗？那就去挑战不可能吧！

学术界挑战不可能的人

你可能没听说过理查德·罗伯托（Richard Roberto）这个名字。我也没怎么听说过，不过我当时正好在加利福尼亚州立大学洛杉矶分校（CSULA）——他所在的学校。罗伯托是工程学教授，同时还担任那些参加设计、建造和驾驶太阳能汽车竞速赛的学生的首席指导老师。

1990年，在没有任何太阳能汽车技术的情况下，他的学生，以本科生为主，设计并制造出了学校历史上的第一辆太阳能电动汽车，并开始了1 600英里的太阳能汽车比赛（Sunrayce），从佛罗里达州的奥兰多市一直开到密歇根州的沃伦市。加利福尼亚州立大学洛杉矶分校的工程学院规模不大，学院虽有几个不错的学生，却吸引不到顶尖工程院校里才有的天才学生。况且，该校是学生为长子（女）的比例最高的学校之一，多数人的家庭收入非常微薄。由于他们要与美国的顶尖研究生院的学生竞争，人人都知道他们的获胜机会几乎为零。

惊人的成果

令人惊讶的是，加利福尼亚州立大学洛杉矶分校学生的成绩在全国排到第四名。不仅如此，他们做到了更多。他们取得了非凡的成绩，是整个加州最好的，超过了加州大学和斯坦福大学这样的知名学府。正如德鲁克常说的："每个人都知道的往往是错误的。"

侥幸所得吗？也许吧。但在1993年的第二届全美太阳能汽车竞赛中，他们带来了全新设计的汽车，参赛学生也几乎全是新的。加利福尼亚州立大学洛杉矶分校的学生和去年一样又造出了一辆新车——太阳鹰Ⅱ号。这一次，他们的车队一直从得克萨斯州的达拉斯开到了明尼苏达州的明尼阿波利斯，在全国参赛车队中排名第三。他们再次击败了那些有着充裕资金和更高研究水平的大学，在参与赛事的加州的大学中排名第一。加州顶尖大学的教授却一败涂地，他们明明有最优秀的学生，还有足够的资金、研究设备和顶级工程公司的校友志愿者。他们什么都有，怎么会失败呢？

四年后，罗伯托教授的学生制造了太阳鹰Ⅲ号，参加1997年的比赛。这一次，加利福尼亚州立大学洛杉矶分校的比赛路程是从印第安纳州的印第安纳波利斯，开到科罗拉多州的科泉市。全程1 250英里，历时9天，比往年任何一届都要激烈。有36只顶级队伍进入决赛，如麻省理工学院队、耶鲁大学队，还有西点军校（我的母校，美国第一所工程学院）队等。在加州，形势更为严峻。斯坦福大学队和加州大学伯克利分校队组成联合参赛队，发誓要碾压这所州立大学的队伍。

加利福尼亚州立大学洛杉矶分校参赛队能在加州再次夺冠吗？结果是，斯坦福大学队和加州大学伯克利分校队在加州学校中分列第三和第二，加利福尼亚州立大学洛杉矶分校队再次荣获加州第一。全国比赛排名的结果比较有趣。麻省理工学院队全国第二，加利福尼亚州立大学洛杉矶分校队居然是全国第一。罗伯托教授三次挑战不可能，不仅每次都成功了，并且还力压群雄，夺得全国第一。

《洛杉矶时报》（Los Angeles Times）援引加利福尼亚州立大学洛杉矶分校发言人卡罗尔·塞尔金（Carol Selkin）的话说："过去，赢得比赛的都是名声显赫的学校，他们拥有四年学制的研究机构和大量的资金。我们只是州立大学，没有强大的研究实力。其他学校还有很多人热情支持他们的队伍，有众多的博士和律师参与其中。我们没有这些的资源。"

加利福尼亚州立大学洛杉矶分校唯一拥有的只是一位愿意挑战并完成不可能任务的领导者。采访罗伯托教授时，我发现了一些在媒体报道中没有披露的事情。罗伯托教授的团队中，90%的学生都是本科生。他们的竞争对手，麻省理工学院、斯坦福大学和加州大学伯克利分校的大量学生是学工程的，其中很多是研究生。加利福尼亚州立大学洛杉矶分校的学生参加比赛甚至还得不到学分。很多人为了上学平时还得去做兼职。罗伯托教授告诉我："50%

的学生的家庭年收入不到 2 万美元。"只有 5% 的 CSULA 学生想从事工程方面的工作，而全国平均值是 7% 以上。

我想知道："你是怎么做到的？"罗伯托教授告诉我，秘诀就在于车的可靠性。"我们的车从来没有抛锚，一次也没有。"

但我知道事实远非如此。刚开始，他闪烁其词。最后，他才把他的秘诀告诉了我。他说："我就像一个默默无闻的篮球教练。这个比喻用到我身上很贴切。要对团队有好处，就得这样。媒体想采访我们的得奖队员、我们的车手，还有那些亲手参与制造汽车的人。而我始终待在他们的身后。外界不需要知道我的存在，也不需要知道我的名字。我离前线越远，对团队就越好。这样一来，我的队员就得到了宣传机会，也得到了工作机会。他们为此努力奋斗，这是他们应得的。我经常把问题交给学生或者学校公关部门。我为能担任他们的教练而感到自豪。"罗伯托教授这位领导者，为他所带领的队伍的胜利而欢呼。对于加利福尼亚州立大学洛杉矶分校来说，不幸的是罗伯托教授马上要退休了，不能继续指导下一届比赛了。该校再也没能赢得比赛。事实上，他们也没有再参加过比赛。也许他们只是因为找不到像罗伯托教授这样敢于挑战不可能、赢得非凡成就的领导者了。

没有报酬，你也可以承担领导者职责

很多情况都需要领导者。而在每一个情况下，你都可以挑战不可能，无论是组织公司野餐、指导排球队训练，还是负责年度储蓄债券推进会。弗朗西斯·赫塞尔本刚开始是女童子军中的一名志愿者，后来成为首席执行官。她的表现非常出色，被晋升到带薪岗位，并最后晋升到首席执行官的位置。在她接管之前，女童子军组织的表现多年来持续下降。她扭转了局面，在几乎不可能的重重困难之下，做出了如此伟大的成绩，她也因此被克林顿总统授予了总统自由勋章。她是德鲁克的朋友，曾创立一个机构，后来改名为弗朗西斯·赫塞尔本领导力学会（Frances Hesselbein Leadership Institute），它遵循德鲁克的理念，推动非营利组织领导力的培养。弗朗西斯·赫塞尔本接受了西点军校的首个领导力课程的教职，我也非常荣幸，她还是我的非营利性研究生大学（non-profit graduate university）的顾问委员会成员。

你要做的最重要的决定

为什么没有更多领导者敢于挑战不可能呢？其实在敢于挑战不可能之前，我们所谈论的领导者都需要做出一个非常重要的决定。德鲁克告诉我们，第一个也是最重要的一个决定，就是成为愿意这样做的领导者。和德鲁克的很多其他建议一样，这个说法似乎不言自明，过于简单，甚至简单得有些荒谬。其实，这个决定极其正确，并且极其重要。对于不敢挑战不可能的人来说，接受这些责任本身就是巨大的挑战。那些从没有承担过这种重要职责和领导职权的人会害怕责任和职权。他们害怕事情出错，害怕会因为自己不能完全掌控的行动而受到指责，害怕下属不听从安排，害怕做了错误的决定。许多有潜质成为领导者的人害怕失败可能导致的尴尬和惩罚。有些具备能力成为伟大领导者的人没有接受挑战，因为他们害怕失败。在生活中，他们战战兢兢，害怕失败，限制了他们的成功和贡献。如果他们能克服这种担心，本可能取得更大的成功，做出更多的贡献。如果你能运用所学知识，做出这个决定，德鲁克的智慧就能帮助你，也会对你的生活产生重大影响。

挑战不可能需要充分的准备

玛丽·凯打造了市值数十亿美元的玫琳凯化妆品公司，其起步资金只有区区 5 000 美元。她雇用了第一支女销售员团队，并打算用她丈夫的薪水来支撑到盈利。开业前两个星期，她的丈夫却死于心脏病发作。专家告诉她，按照当时的情形，她根本不可能继续下去，并建议她放弃这份还没起步的创业。但她没放弃。因为从小她就已经学会如何挑战不可能。

在玛丽·凯 3 岁的时候，她的父亲身患肺结核，生活无法自理。她的母亲出门上班来支撑这个家庭。玛丽·凯则承担起了打扫卫生、做饭和照顾父亲的责任。我想，当时她大概只有 9 岁。白天，她负责全部家务。但她小小年纪就已经下定决心，要成为那种敢于挑战不可能的领导者，尽管当时她根本不知道什么是领导力。她所获得的教训培养了她的自信，她学会了无视善意却糟糕的建议，并持之以恒直到成功，而当时人们认为女人应该待在家里，让男人外出工作。

如果你没有下定决心去挑战不可能，也可以通过以下方法来培养这种特质：

- 学会冒险——预测可能发生的最糟糕状况，并继续坚持！
- 始终积极贡献自己的领导能力，建立自信——即使你会失败，有时也的确会失败，但你可以从中学到重要的教训。
- 凡事都有第一次。总得有人带头，为什么不可以是你呢？曾有很多人告诫奥巴马，他竞选总统只是在浪费时间。他们对特朗普（Trump）也是这么说的。也可能有人告诉过梅根·马克尔（Meghan Markle），哈里王子（Prince Harry）是不可能娶她的。结果呢？

要取得超凡的成就，你就要运用德鲁克的方法，挑战不可能。

4

第 4 章

德鲁克对领导力和成功的真知灼见

PETER DRUCKER'S WAY TO
THE TOP

重要的是，当今的管理者和职业人士有责任提升自己。这既是对其所在机构，也是对他们自己应负的责任。

——彼得·德鲁克

大约 30 年前，我发起了一项称为"战斗领导力研究"（Combat Leadership Study）的特别研究项目。该项目源于我的一个研究课题，旨在发现最为严峻的领导情境，以及在这些情境和企业管理职能中取得成功的领导者。当然，领导者需要满足众多苛刻条件。我觉得，这往往是一些生死攸关的情形：医院病房、街头事故、海上紧急状况、鲨鱼袭击或溺水事件、空中险情、车祸或心脏病发作等。但在上述任何一种或全部领导情境中所面对的困难，都比不上战场上的日常战斗中所面对的挑战。这里的日常情景会出现各种常规险情和致命威胁，无论是领导者还是被领导者，但凡有自由选择的权利，都不愿参与其中。即使我们不考虑生死，而主要考虑如何打败敌人给予这些领导者和被领导者的报酬通常也都会高于其他任何一种情况。

德鲁克以截然不同的方式关注成功。他注意到，在北美商业文化中，很多人都有这样的体会，他们对成功这一概念感到困惑，有时甚至感到厌恶。他曾建议用一个完全不同的词来代替"成功"：如谈论个人职业发展或履行责任时，可用"贡献"一词。他指出贡献会带来社会的繁荣。[一]虽然在我们讨论的语境中，运用"贡献"一词可能会有些奇怪，但它适用于人类为之努力的很多领域。它证实了我们早些时候所说的。战场上的成功需要付出巨大的努力和牺牲，极具挑战性。

[一] Lee, Joshua Henry. "The Future of Economic Man: How Management Can Maximize Institutional Potential, Increase Human Prosperity and Create a Functioning Society". A manuscript awarded a top-15 place by the Drucker Forum, in the Global Drucker Challenge, Managers/Entrepreneurs Category, 2017. https://bit.ly/2mCyI7l.

战场领导力最具挑战性

1775年3月23日，在弗吉尼亚里士满的圣约翰教堂（St John's Church）召开了弗吉尼亚州国民大会，该州独立后曾担任过第4和第6任州长的帕特里克·亨利（Patrick Henry）进行了演讲，发出了"不自由，毋宁死"的呐喊。他的演讲说服了弗吉尼亚人民派出军队，帮助美国赢得了独立战争。这里强调了很多战场上成败的重要结果：自由或死亡。

对于任何领导者，战场上的领导行为所面对的是最为艰巨的挑战。战斗中，各种条件往往异常残酷。即使是天气也可能起到重要作用，可能会导致计划行动的取消，也可能会导致其他特殊问题，例如什么时候应采取空中支援或其他支援行动。当然，除了天气之外，还有其他一些可怕的危险。战场上的不确定性比其他任何人类活动中的要多得多。此外，战场上的对抗不仅仅是要打败你或打败你所领导的队伍，而是在必要时，为了完成他们的目标会试图要了你的性命。

正如德鲁克曾经对我说的："在任何其他类型的领导实践中，领导者都不需要根据少之又少或不太可靠的信息来做决定。"我们称之为士兵的这类工人，在执行任务时，可能需要面对食物短缺和睡眠不规律的情况，他们必须承担巨大风险。难怪多数追随者和领导者一样，都更喜欢到其他领域做其他的事情。

战斗中的确会出现一些真正的军事天才，可是多数组织中的多数人都只是普通的男男女女。在很多战斗中，并非所有人员都是专业人士。一方或另一方人员甚至可能没受过必要或全面的训练，而且也不是所有人都适合执行他们的工作或任务。无论专业还是业余的，所有人面对的压力都远远大于任何其他情况或职业。此外，领导者不仅要履行自己的任务使命，同时还要尽最大努力，保护受他领导的下属的性命。因此，战场可能是最为糟糕的情形。

难怪传统的激励手段，如高薪、福利和安全因素等，在战场上可能不如其他活动那么管用。在战场上没有什么"一如往常的事务"（business as usual）可言。尽管战场上也会有例行安排，但每一天都会出现新的和不同的挑战。

在战场领导实践中，领导者要帮助自己的追随者克服一切困难，实现异常艰巨的目标，完成异常艰巨的任务。战场上的领导实践可能是任何一位领导者能够遇到的最为糟糕的情形，因此重要的不是在战斗中管理士兵，而是引导他们。在恶劣环境中，优秀的战斗领导者要建立并领导自己的组织：做事讲道德、讲诚信，并尽可能注重人性，完成任务。

成功领导者的重要教训

我不清楚是不是存在"最糟糕环境下的领导实践"的重要原则或教训，可以作为所有领导成功的基础。因此，这就成了我开展这项研究的动力。

为了做这项研究，我所寻找的研究对象不仅要有在战场上的优异领导实践，而且还要有在平民职业生涯中领导非军事活动的成功经验。我的研究根据的是发给 200 多位前战斗指挥官的问卷调查，以及和更多人的访谈对话。这些人在离开部队之后，在企业界或其他非军事组织中都非常成功。在第一阶段收到的回复中，有 62 封来自各类陆军将军和海军上将。我询问这些前战斗指挥官，他们从战场的领导实践中学到了什么。我问及他们所使用的战斗策略、领导风格的重要性，以及领导者应采取的最重要的行动是什么。我还询问他们是如何把这些经验经过调整后运用到平民职业生涯中的。

我发现，尽管这些成功领导者运用的领导风格很复杂，但也有些共同的准则或概念是这些成功领导者所遵循的，极大地促进了各类组织生产力的提高，并实现了非凡成就。拿破仑皇帝，历史上最杰出的军事领导者之一，曾制定并公布了 115 条作战行为准则。而在分析和综合了这么多受访者的回复之后，我发现了多少领导准则呢？

令人惊讶的是，我发现，在所收到的回复中，大概95%的内容可以归结为仅仅8条准则。然而，这些领导者中的每一位都认为，就是这8条准则中的1条或多条帮助他们在个人生涯中取得非凡成就。不少人还专门写纸条或信件给我，表达他们对这项研究的支持。他们似乎从自己所学到的经验中获得了极大的回报。他们清楚这些准则的价值，不愿意看到它们被白白浪费掉。

在研究的后期，我采访了一些成功的企业高管，并回顾了这些企业高管所面对的众多企业情况和所采取的行动。有些人也有过在武装部队中作战的经验，但多数人没有。有些受访者同意我用他们真实的姓名和企业信息，有些则喜欢匿名接受采访。一部分人还列出了自己多年来的领导准则。尽管他们所列出的东西各不相同，但或多或少都包含了我在研究中得出的这8条准则中的某一条或某几条。我还查阅了长达7 000年的有文字记载的历史记录，以便在不同的背景下，证实或者证伪这些准则。

我觉得这些不仅仅只是普通准则，而是通用领导力准则。带领他人工作时，人们可以遵循的卓越技巧和规则数成百上千，但这8条是最关键的。我认为它们是体现所有领导才能的精华。这8条准则很简单，但其中的任意一条都能对任何活动的结果产生深远的影响。这是因为作为领导者，你可以在犯下不少失误后依然取得成功。但违反其中任何一条准则就会带来重大的负面影响，而不论你最终是否成功。当然，没人能够保证肯定会成功，因为还有其他因素会影响领导者所能做的事情。但毫无疑问，遵循这些准则，成功的概率就会大大提高。我相信这些准则非常有用，在多数情况下，是否遵循它们是多数领导者能否成功的决定性因素。以下是我发现的领导力八大准则：

- 保持绝对正直。
- 精通自己的业务。

- 表明自己的期望。
- 展现非同寻常的承诺。
- 期待正面的结果。
- 照顾好自己人。
- 责任优先于个人利益。
- 亲临一线。

根据这项工作的成果，我写过好几本书，其中讨论或融合了以上八大准则。在成为一所知名非营利研究生院的校长后，我密切关注这些准则，并发现多数践行这些准则的人不仅仅是成功的领导者，还是十分成功的职业人士。空军总参谋长（Chief of Staff of the Air Force）罗纳德·福格尔曼将军（Ronald Fogleman）很大方地为我的第一本解释八大准则的专著写了序言。众多成功的领导者都写了自己的感言，包括领导海湾战争并取得胜利的诺曼·施瓦茨科普夫将军（Norman Schwarzkopf）、退休后担任美国国务卿的小亚历山大·黑格将军（Alexander Haig Jr）、宇航员弗兰克·博尔曼（Frank Borman）上校、前海军陆战队员和后来的克莱斯勒集团副主席罗伯特·卢茨（Robert Lutz），以及比尔·巴特曼（Bill Bartmann）。比尔曾创造了但又失去了大量财富，写过一本名为《反弹》（*Bouncing Back*）的书，并曾被《福布斯》（*Fobes*）杂志评为美国第 25 位最富有的人，仅次于罗斯·佩罗特（Ross Perot）。几年后，我邀请福格尔曼将军和比尔加入我与他人共建的研究生院理事会。

我曾和德鲁克就每一条准则进行了很长时间的讨论，讨论成果最先发表在我的《德鲁克论领导力》（*Drucker On Leadership*）一书中。⊖ 之前，我们去了德鲁克最喜欢的一家意大利餐馆，就在他的克莱蒙特教学点附近，一边吃

⊖ Cohen, William A. *Drucker on Leadership: New Lessons from the Father of Modern Management* (San Francisco: Jossey-Bass, 2009).

着意大利面的午餐，我一边和他详细整理了自己的研究成果。以下 8 条准则中都附有德鲁克对我的每一条准则的回应：

1. 保持绝对正直

"把这个作为第 1 条准则完全正确合理。领导者要受人爱戴和欢迎，就要有能力；这自然不错，但如果他缺少正直的品质，那他就不适合当领导者。"

德鲁克曾在一本书中指出："品质是骗不了人的。与他共事的人，尤其是下属，几星期内就会清楚他是否正直。他们也许会原谅一个人有很多方面的不足：无能、无知、缺乏安全感或者缺乏礼貌，但他们不会原谅一个人的不正直。"㊀

2. 精通自己的业务

"这一点不言而喻，但的确有些管理人员会选择走捷径，而不是去掌握自己必须具备和确保自己业务质量所必需的知识。"

德鲁克认为："领导力是有能力去做他人没有能力去做的，或者觉得做起来有困难的事情。"㊁

3. 表明自己的期望

"我不确定你在这里指的是什么意思。如果你是想表明领导者应公布自己的目标、使命，那肯定是正确的。"

㊀ Drucker, Peter F. *Management: Tasks, Responsibilities, Practices* (New York: Harper & Row, 1974), 462.
㊁ Drucker, Peter F. *On the Profession of Management* (Boston, MA: Harvard Business Review Books, 1998), 92.

4. 展现非同寻常的承诺

"很多人失败是因为他们没有展现承诺，或对错误的目标做了承诺。这就回到了第 3 条法则。先有一个值得投入的使命，然后才会有坚定的承诺。"

在讨论非营利性机构能给企业带来什么启示时，德鲁克认为："非营利性机构的董事往往会对组织的事业做出承诺。不是真正关心宗教或教育事务的人，是不会去参加教会的教区委员会或者学校董事会会议的。"⊖

5. 期待正面的结果

"有一个警世故事告诫：人一定不能盲目乐观。当然，中心意思是对的。但消极避世的人不可能在任何方面取得成功。"

德鲁克认为："你见到的任何一个成功企业，都曾有人为之做出过勇敢的决策。"㊁

6. 照顾好自己人

"许多管理者都没能做好这一点，他们必然会因此吃亏。"

德鲁克认为："领导者对下属、对同事是负有责任的。"㊂

⊖ Drucker, Peter F. *Managing for the Future* (New York: Truman Talley Books, Dutton, 1992), 209.
㊁ Drucker, Peter F., quoted in Barry Popik, "Entry from 8 May 2016". The Big Apple. https://bit.ly/2voW9SU.
㊂ Drucker, Peter F. *Managing the Nonprofit Organization: Practices and Principles* (New York: Harper Collins, 1990), 27.

7. 责任优先于个人利益

这一点需要做些解释。我这样说的意思是，领导者有义务完成使命，有义务照顾自己要对其负责的人。领导人对自己需求的满足必须放在他们履行了这些义务之后。

"这应是所有领导力的基础。领导者不能只为自己的利益工作，而是为了客户和员工的利益工作。这是当今美国管理的重大弊端。"

德鲁克认为："道格拉斯·麦克阿瑟（Douglas MacArthur）创建了一支独一无二的军队，是因为他把任务放在了首位……但他也有难以置信的自负，极其蔑视人性，因为他确信自己的智商无人能及。但是他强迫自己在每一场全体会议上，一定要让最下层的军官最先开始发言，且不允许任何人插话。"㊀

8. 亲临一线

"的确，不论是中层管理者还是首席执行官，领导必须身处工作中最具挑战的岗位上。在第一次世界大战期间，高级军官的损失比因他们的无能而导致的损失要小得多。牺牲的将领太少。"

德鲁克认为："人类自己决定了他们能做出什么样的贡献。"㊁

德鲁克对领导力八大准则非常热情，在过去 25 多年时间里，我一直在努力把这些准则教授给全世界的个人和组织。

成功的精髓

有一天，我看了比尔·巴特曼为我在该主题下所撰写的第一本专著所写

㊀ Ibid., 23.

㊁ Drucker, Peter F. *The Practice of Management* (New York: Collins, 1986), 13.

的推荐。他是这样推荐的："你发现了成功的精髓。这本书应该是所有管理人员的必读之书，因为这不仅能帮助他们成为优秀的领导者，而且还能让他们享受更成功的生活。"我觉得比尔说的没错。领导力八大准则的真正作者，即我曾调查和采访过的那些人，因为践行这些准则而成为成功的领导者，但这些不仅仅是领导力方面的成功准则：正如比尔所说，它们是任何事情成功的精髓。

  我记得在宣传那本书时发生的一件事。有一天，我早早地来到了电台。那段时间，我把这八大准则印在自己的名片上，并递给电台节目主持人一张这样的名片。在我们等待节目开始的时候，他反复看着这些准则。突然，他惊讶道："这几条准则正是我一直在寻找的！我和大儿子之间有点问题，这些准则正好告诉了我，应该如何解决我们之间的问题。"我鼓励他，跟他说，作为家长，他就是领导者，而这些准则能帮助他引导自己儿子养成更好的行为习惯。这是真实的故事，但我当时没有意识到的是，领导力的 8 条通用准则实际上也是任何人努力想取得成功的 8 条普遍准则。我发现，比尔·巴特曼，这位当时美国第 25 位最富有的人，一直运用着这些准则，并认识到了它们的真正价值，而德鲁克和我只专注于它们在领导力方面的作用。德鲁克平时也无意识地在运用它们，并实现了自己的成功，而我在他所写的有关领导力以外领域的著作中，也找到了支撑证据证明了这一点。当然，我自己也一直在使用这些准则。

第 5 章

德鲁克论正直、道德、荣誉和做正确的事情

PETER DRUCKER'S WAY TO
THE TOP

正直可能很难定义,但缺乏正直品质的任何一个要素的后果都很严重,会让人失去从事管理岗位的资格。

——彼得·德鲁克

德鲁克去世多年以后，我才和他的遗孀多丽丝·德鲁克相熟。虽然我早就认识她，曾在正式场合见过她，但我们彼此不是很熟，交往也不是很多。事情是这样的，我第一本关于德鲁克的书《跟德鲁克学管理》(*A Class with Drucker*)⊖当时计划于 2007 年 11 月出版。同一年，德鲁克曾任教过的德鲁克与伊藤雅俊管理学院举办了第一届德鲁克研究会全球研讨会。曾为我的书写过前言的德鲁克学院院长艾拉·杰克逊（Ira Jackson）请我在研讨会上介绍我的书和德鲁克。受此邀请，我深感荣幸。在德鲁克学院，人们通常称呼我为科恩博士，因为我是德鲁克和保罗·阿尔布雷克特院长（Paul Albrecht）共同为在职管理人员开设的管理学博士项目的第一批毕业生。不过在这次研讨会上，杰克逊院长却称我为"科恩将军"，我通常只在军队里使用这个称呼。当时，多丽丝就坐在听众席上。

午餐休息期间，多丽丝找到我。她说："比尔，我们其实多年前就已经认识，但在艾拉介绍你是个将军之前，我还真的不了解你。德鲁克总会讲起你，他最喜欢你了。"我情不自禁地把手放到了胸口，这番话让我感到荣幸之至，也真正开启了我和多丽丝之间的友谊，一直持续到她 103 岁去世为止。在此期间，我们一起参加了克莱蒙特大学举办的多场会议，她应邀在会议上讲述自己丈夫的故事。我记不清楚她是不是讲过德鲁克的天赋、所取得的众多成就，或者他们的生活逸事，也许有讲过。这些都不是她在会上所着重讲述的东西。但我的确记得她讲过德鲁克的道德观和核心价值观，以及他为人正直的品质。正直、讲道德和富有荣誉感对德鲁克来说都很重要。这些正是

⊖ Cohen, William A. *A Class with Drucker* (New York: AMACOM, 2008).

她之所以敬佩自己丈夫的原因，而不是她所说的聪明才智或者什么成就。德鲁克自己并不热衷这些，但他清楚，他的学生也明白，德鲁克所持的立场和信念。

不存在所谓的商业道德

德鲁克憎恨立法惩罚收受回扣的美国高管，各路政客指责高管缺乏商业道德。他坚持认为，根本不存在所谓的"商业道德"一说，只能说有道德或者不道德。商业并不是什么特例。这是他花费了大量时间和精力分析之后得出的结论。

在德鲁克看来，道德和正直是所有商业和个人活动的基础。他同时也认识到，不同文化之间存在差异，因此也面临众多操作性的挑战。于是，他利用自己的才华，对道德和正直的方方面面开展了研究，以得出能解决该问题的可接受的方法。他告诉来自各类组织的客户，他们在犯了不少错误之后也许仍能取得成功，前提是他们要能保持正直的品格。那些能够很好处理道德和正直、个人生活和商业活动之间显著冲突的个人，往往比那些口惠而实不至、唱高调、给出不切实际的承诺和建议的个人，更容易获得成功。德鲁克因为在概念上区分出道德及正直、理性及法律而广受赞誉。

问题界定之后再开始工作

正直、道德、美德、守法以及荣誉的概念，很多时候难以区分，但的确彼此不同。德鲁克说过这个世界需要正直品质，也指出了与商业道德有关的种种问题。区分这些概念和其他相关概念意义重大，我清楚，自己在这方面的处理过于简单，但是真的有必要了解德鲁克的观点。**道德**是价值观的准则，

正直是遵守这种价值观的准则，**美德**是遵守这种价值观准则的品质和方式。德鲁克把**荣誉**定义为可以证实的正直和诚实；他还补充说，有荣誉感的人都会坚守自己的原则。

德鲁克在撰述中体现了对这些概念的关注。这些概念之所以很难理解，是因为每一个概念都对是非和对错给出了独特的解释。德鲁克敏锐地意识到，这种说法往往被归结到17世纪的物理学家、数学家以及哲学家布莱士·帕斯卡（Blaise Pascal）的名言上："在比利牛斯山这一侧是真理，到了另一侧就成了谎言。"

德鲁克意识到，在一种文化中是可以接受甚至是必须做的合乎道德的行为，可能在另一种文化中却完全不一样，甚至会被认为是不道德的。他在课堂上曾引用过一个日本的例子：日本有一种文化，如果薪资较低的公务人员在职期间的职务行为让某家企业受益，那么在他退休之后，该企业会给予他一定的奖金。放到美国，这种行为会被视为不道德的腐败行为。但是在日本，此举完全合乎情理。

德鲁克解释了，为什么日本首席执行官所实施的在美国可能被视为腐败和非法的行为，在日本却被视为符合道德的责任，并且既不是不道德也没有违反法律。他告诉我们："在日本，政府官员的薪酬很低。退休后，如果只靠养老金过日子往往会生活拮据，经济困难。因此，他们也期待在退休后，得益于他们在职期间的施政举措的企业会给他们提供一些经济上或其他形式的帮助。由于他们几乎无法靠退休金过日子，这种做法也因此被认为是唯一正确且合乎道德的事情。"

但是，德鲁克并不支持所谓的"情境道德"，并警告人们予以抵制。换句话说，人们不应该在私下里遵循一种行为方式，在商业和职业领域却遵循另一种。他还坚信，社会责任感是任何个人和组织符合道德的行为的一部分。在这里，他同样举出多个例子，有些企业致力于做善事，却对消费者、组织乃至社会带来了伤害。他提醒大家注意，在某些情形下，有些行为通常可能被认为是企业的社会责任，从某个未预期的结果或者社会的视角来看却是不该做的，甚至可能认为是不道德的。德鲁克对道德和正直的立场也许会引起争议，但应该可以理解，因为这些观点构成了德鲁克对待客户和竞争对手的理念，以及运用他的管理理念的基础。

德鲁克的抗争

德鲁克对道德分析的态度非常严谨。他分析用来阐释一般道德准则的各种案例，认真界定了受到质疑的行为和道德是对还是错。这也许会被称为成本收益道德观，或者是为实现更大利益的道德观。从本质上讲，这意味着诸如首席执行官、国王和总统等人，如果其行为能明确为他人带来利益，那么他们就应承担更大的责任。换种说法，尽管说谎是不对的，但在"国家"或"集体"利益面前，根据某种思维方式，说谎有时候则可以接受。这种方法带有"诡辩"之名。德鲁克称之为"社会责任道德观"，这肯定与他厌恶的"商业道德"这一术语有关。

在日本突袭珍珠港 20 年之后的冷战期间，美国下定决心，不能再次遭受潜在敌人的突然袭击。美国动用了 U2 侦察机，飞越苏联上空，在以为飞机不会被打到的安全高度对其敏感的核基地进行拍照侦查。然而，在行动实施多年之后，一架由弗朗西斯·加里·鲍尔斯（Francis Gary Powers）驾驶的 U2 侦察机在极端高度被防空导弹击落。人们还不知道鲍尔斯是不是活着或者被俘的时候，艾森豪威尔总统公然撒谎，掩盖鲍尔斯执行间谍飞行的事实。然而，在广泛公开的苏联审讯资料中，鲍尔斯本人现身并承认了自己从事侦查飞行任务的事实。但我觉得，艾森豪威尔总统在这个事件上的道德并没受到质疑。他撒谎是为了维护更大的利益，承担更大的责任，因此，多数人认为

可以接受。这就是诡辩。⊖

为了更大的利益，听起来似乎很高尚，但德鲁克坚持认为这是一个很危险的概念，在商业领域也同样如此，因为这很容易沦为政客和商界领导者为自己不道德行为开脱的工具。德国独裁者阿道夫·希特勒就这样做过，声称是波兰先攻击德国，他才入侵波兰，而引发了第二次世界大战。

审慎观

讨论过诡辩之后，德鲁克开始关注审慎的问题。审慎就是要细心或小心。这样做是有好处的，但也存在瑕疵。刚晋升为空军将军时，我被派去参加一个为期两周的特别培训。参训者给该项目起了一个不正式名字："魅力学校"（charm school）。在魅力学校期间，来自全国各地的高级军官和地方领导者为我们做了很多场讲座，提供了不少建议。有位讲师给我们提出一个很有用的建议："千万别做任何你不想在《空军时报》（Air Force Times）头版看到的事情。"

德鲁克举过一个类似的例子。他说，在20世纪40年代早期，哈里·杜鲁门（Harry Truman）还只是参议员，几年后他才成为罗斯福总统的副总统，他曾向作为证人的高级军官建议："将军永远不能做需要向参议院委员会做出解释的任何事情；面对参议院委员会，任何事情都是解释不清楚的。"⊖

当前，保持审慎的品德可能是很好的建议，可以让自己置身于麻烦之外，但这却不太适合符合道德决策的理由。行事审慎并没告诉大家应该采取什么样的正确行为或行动。并且，领导有时候需要接受的决定有风险，可能实施

⊖ Drucker, Peter F. *The Changing World of the Executive* (New York: Truman Talley Books, 1982), 245.

⊖ Ibid.

起来有难度，甚至无法理解，但不一定是不道德的，尤其是在决定做出之后才出现问题的。没有哪位现役空军将领会愿意看到自己的名字与某个有争议的行动一起出现在《空军时报》的头版，或者愿意面对参议院委员会。但是，军事决策和政治决策一样，往往存在争议，并且风险很高。可是，这些决定却是正确的，尽管有时候结果并不尽如人们的预期。德鲁克认为，没有任何理由来推荐一种方法，使其作为做出符合道德决策的通用方法。他只能是把它作为自己的学生应牢记的一种安全防范措施。

利润观

德鲁克还认真思考过"利润的道德观"问题。这可能和你想的不一样，德鲁克并不是要限制利润。与此相反，德鲁克认为，如果一家企业不能让利润至少与资本成本相同的话，那它就是缺乏社会责任感和道德感的，因为这样会浪费社会资源。㊀它也不应按某个公式来限定自己的利润。因为任何决定本身就具有风险，必须有额外盈利来弥补因决策失误造成的损失。当然，还有其他原因。

德鲁克认为，追逐利润的唯一合乎逻辑的理由就是有成本产生。他告诫企业领导者："检查一下，是不是有足够的利润来弥补资本成本，并用来创新。如果不够，你打算怎么办？"㊁

德鲁克指出，合乎道德的利润作为一种激励，其道德基础很薄弱，唯一合理的解释是，成本是真实的，尤其这是唯一能保住工作和创造新工作的办法。㊂

㊀ Drucker, Peter F. and Joseph A. Maciariello. *The Daily Drucker* (New York: Harper Collins, 2004), 126.

㊁ Ibid.

㊂ Ibid., 86.

有趣的是，几年前美国油价上涨（在其大幅下跌之前），导致一家炼油厂的首席执行官在面对国会调查委员会质询时，做出如下回复："根本没有'利润'。我们赚的每一美元都投入到勘探和研发里面，都需要用来维持企业运行。"如果上述发言属实，德鲁克肯定会赞同这位首席执行官的话，当然，让任何不从事油气业务或任何类似业务的人理解或接受这番话，可能极其困难。它也许无法让国会委员会满意，这就支持了杜鲁门给作证将军所提出的建议。

孔子是个圣人，但是……

德鲁克认为儒家思想是所有准则中最为成功也最为持久的，尽管他没有把儒家思想推荐为解决所有道德问题的方法。在儒家道德体系中，所有人都遵守同样的准则，但也有不同的准则，其因五种基本关系而不同，但彼此之间相互依存。这五种关系分别是上级与下级、父母与孩子、丈夫与妻子、兄弟关系和朋友关系。每对关系中的正确行为方式都有所不同，以实现每种关系中双方的最大利益。

儒家道德要求双方的义务对等，父母对子女是这样，子女对父母也一样，老板对下属有义务，下属对老板同样有义务。所有人彼此之间都有义务。德鲁克指出，情况并不总是如此，也有些地方，与包括美国在内的很多国家所认为的商业道德并不相一致。在这些国家中，有些关系只有一方有义务，而另一方却享受权利。德鲁克显然很喜欢儒家道德，他称之为"相互依存的道德"，但它们不能作为通用的商业道德而普遍适用，因为这个体系处理的是个人之间的问题，而不是群体之间的问题。儒家道德认为，只有法律是用来处理群体的权利和争议问题的。⊖

⊖ Ibid. 248-254.

德鲁克对谎言的另类解读

德鲁克通过分享自己的故事和各种案例,向学生、读者、听众和咨询客户传授他经过深入研究、认真分析和思考之后才得到的东西。他有时候也会因所引用的例子而遭受批评。他援引故事,厘清概念,有时也会弄错事实。的确如此,如果有人提出质疑,德鲁克也不否认。他的回复总是:"我不是历史学家,我只是想表达某个观点。"他的这种观点放在任何地方都可以。可能正是因为这点,他的可信度受到了一定影响,但他觉得这些就像"善意的谎言",讲出来是为了听话人的好处,而不是为了说话人的利益。

道德决策取决于做正确的事情

谈及道德及同类问题,德鲁克遇到了一个难以克服的困难。道德挑战无处不在,且意义重大。企业客户可能会花钱获得咨询服务,那么该客户是不是有权让咨询师在报告和建议中忽略、淡化或者"扭曲"某些结论?对产品、服务或商业未来的积极看法的差异与把事实陈述变成谎言,或者面对困境时的积极想法之间的差别在哪里?德鲁克认为,如果对方坦诚交代所面临的挑战,并言行一致地购买公司一定数量的股票或类似的东西,那么他是对的,对形势做出了积极行动。但是如果面对威胁时,他展现出的是光明的未来,背地里却秘密抛售股票;他这样做不仅违法,也是不道德的,缺乏正直的品质。真实和乐观归根结底在于做正确的事情,德鲁克相信,这归结于个人的判断:什么是对的,以及什么是不对的。

合法与合理、道德或伦理之间的区别

德鲁克做过重要区分:法律可能与道德或正直无关。他明确表示,法律和道德并不是一回事儿，并举例加以说明。19世纪60年代，美国有些州的奴隶制是合法的，在其他州则为非法。19世纪50年代后期的德雷德·斯科特案（Dred Scott Decision）的裁定中，最高法院就做出过裁决，任何非洲裔美国人，即便是自由的非洲裔美国人，都不可能成为美国公民。根据该项法律，《独立宣言》并不适用于他们，美国宪法也没有给他们任何保护。支持这些法律并不表明你不道德，试图推翻这些法律而入狱受罚，也不代表你不道德。因此，是与非必须脱离法律进行评价。支持奴隶制可能是法律问题，就像德雷德·斯科特的裁定那样，也可能是道德问题。奴隶制是恶劣的，但根据当时的理解，它不是道德问题。

德鲁克把敲诈和贿赂看作抢劫行为

德鲁克指出，对于受害者，贿赂当然是不好的行为，他们是被贿赂行为勒索的对象。1977年，美国国会通过了《反海外腐败法》（Foreign Corrupt Practices Act），把在海外行贿定为非法。该法惩罚的是受害者，而不是犯罪者。德鲁克指出，如果有人在他人的枪口威胁下实施抢劫，法律是不会惩罚受害者的。这部法律生效后不久，一家美国公司，洛克希德飞机公司（Lockheed Aircraft），就被指控违反该法律，犯了行贿罪，并违背了"商业道德"。

洛克希德公司的高管曾因日本政府官员索贿而向其行贿，以换取给全日空航空公司（All Nippon Airways）购买L-1011客机的补贴。1976年，该行贿事件被发现，洛克希德董事长丹尼尔·霍顿（Daniel Haughton）、副董事长兼总裁卡尔·科奇安（Carl Kotchian）不光彩地被迫辞职，但逃过了牢狱之苦。㊀"洛克希德成了证券监管委员会所称300家犯有同样罪行的公司的替罪

㊀ "Lockheed Bribery Scandals". *Wikipedia*, https://bit.ly/1O9rLSc, accessed 26 August 2017.

羊，而霍顿（被迫辞去董事长职务的丹尼尔·霍顿）和我则是替罪羊的替罪羊。"卡尔·科奇安说。[一]但这些高管并没有从 L-1011 客机交易中获得任何好处。那么，这两位高管为什么会实施如此愚蠢的行为呢？

1972~1973 年，美国政府削减了军用飞机和导弹的订单，25 000 名洛克希德员工曾面临巨大的失业威胁。由于外国供应商交付 L-1011 飞机所需的发动机出现了延误，有些航空公司取消了飞机订单。如果不能获得 L-1011 飞机的大额订单，洛克希德公司可能会裁减不少工作岗位。这两名高管在此次行贿中并没有获得任何金钱利益或其他利益；他们不惜违反这部新颁布的法律，只是为了帮助员工保住工作，或者可以说，是出于社会责任的考虑。股票分析人士认为，如果洛克希德公司当时抛弃 L-1011，而不是行贿，那么公司的收益、股价，以及这两位高管的奖金和股票期权则可能会大大提高。

几乎人人都清楚，由于发动机延期交付，L-1011 飞机变成了财务失败的产品，而人们对此无能为力。它已不可能盈利。事实上，即便没有行贿事件发生，只依靠其他没有行贿而产生的销售，该项目也根本不会盈利。

德鲁克很清楚这一点：他认为这两位高管实施行贿的做法非常愚蠢。他认为，决定向索贿行为让步并支付贿款，是非常糟糕的管理决策。基于良好的管理实践，L-1011 项目只需放弃就行了。但这样做是不是违反了所谓的商业道德呢？[二]德鲁克还注意到，这两位洛克希德的高管同意支付贿款，根本就是有百害而无一利。他们是受害者。我们不会惩罚抢劫案或其他案件中的受害者，为什么在贿赂案中却要惩罚他们呢？为什么决定行贿会被看成是高管商业道德的反映，而不仅仅是糟糕的管理决策，或是违反国会通过的法律的行为呢？

[一] Galbraith, Kate. "A. Carl Kotchian, Lockheed Executive, Dies at 94". *The New York Times*, 22 December 2008. https://nyti.ms/2LQviKv; and Robert Lindsay, "Kotchian Calls Himself a Scapegoat". *New York Times*, 3 July 1977. https://bit.ly/2AFr96U.

[二] Drucker, *The Changing World of the Executive*, 242.

多数国家都有打击贿赂的法律。但实际情况是，我们所定义的贿赂在有些国家十分常见，甚至是人们希望得到的。很多人会认为，德鲁克所举的第一个例子中，日本公司首席执行官的承诺或者至少是知情，给予在职时帮助过公司的退休人员奖金是一种行贿行为。但日本公司的管理人员和政府官员都清楚其中的区别，例子中，首席执行官的行为只是为了尽他们认为的道德责任。其他在做生意时往往会索要额外"小费"的国家，通常会忽视可能颁布的任何法律，把这些法律看成美国之类的国家禁止行贿的做法，是他们文化中"粉饰门面"的把戏。一个西方大国（不是美国）的一位营销高管曾告诉我，在多数情况下，他们公司往往会通过行贿来确保业务。有一次，他们第一次行贿的官员被免职了，以至于他们不得不支付两倍的贿款。如果不这样做，其他国家的竞争对手就会抢走这笔生意。因此，他们通常把行贿看成做生意的一种成本。

德鲁克还指出，被犯罪分子敲诈"保护费"而支付贿款的普通人，可以被看成是受威胁而无助的受害者。当然，无论是对个人还是企业进行敲诈都是不可取的。但德鲁克感到，个人被迫支付贿款不是道德问题。当然，法律就是法律，无论我们同意与否，都应很好地遵守。德鲁克做到了，尽管他偶尔会不同意存在所谓的商业道德之类的东西。在私人生活中认为不道德的东西，在商业活动中却会被认为是合乎道德的。

德鲁克不赞同对企业另眼相看，他强烈反对这种"新商业道德"的主张，认为个人所实施的并非不道德或不合法的行为，换成公司就变成不道德或非法的了。这些行为也许愚蠢，也许非法，也许是错误的事情，但是企业被迫行贿并没有违反"商业道德"。他预言，这部法律的通过会让人感觉良好，但不会严格执行。这是试图惩罚因被犯罪分子胁迫而做事情的受害人，并且有些时候，违法者的行为却属于遵循该国道德标准的。尽管全日空公司的例子并不在此列，日本的其他做法却可能是合乎道德的，例如对报酬不高的公务人员，在他们退休后表示理解和感激。

　　我调查过这部法律出台后所导致的结果，看看是不是有效地减少了贿赂行为。有些学者研究发现，这部法律遏制了美国企业投资海外市场。考虑到各方面的批评，并且为了放松该法律的要求，美国做出了一些修改。修正案为违反该法律的行为提供了一些辩护机会。例如，什么时候贿赂可以看成礼物，因此可以接受？这部法律现在认为，如果外国法律规定礼物合法，并且礼物出于善意且价格合理，或者是为了感谢外国政府对履行或执行合同而给予的，那么就是合法的。⊖

　　当然，德鲁克绝不同情那些误导、诱骗或欺骗客户、股东、政府或雇员的企业高管。但他并不是认为他们属于商业道德败坏，他认为这些人根本没有道德可言。

德鲁克的真正信念

　　道德就是在不同社会和文化中可能会有所不同的价值观准则。德鲁克认为，应该尊重不同的道德准则，只要人们在实践自己的道德准则时，没有违反他人的准则就行了。因此，日本高管可以在政府雇员退休后给予他们奖励，以感谢他们在职期间为企业提供的服务，但他们不能在别国这么做。不过，如果其他国家的习俗、惯例或法律与该高管的道德观格格不入，他就不可能在这个国家做生意，否则会因不够正直而遭遇困境。

　　正直指的是坚持这一套价值观准则。人们必须坚持实践该准则。也就是说，不存在情境不同而要求不同的道德，也不存在为特殊目的而改变要求的

⊖ Seitzinger, Michael V. "Summary." *Foreign Corrupt Practices Act (FCPA): Congressional Interest and Executive Enforcement, In Brief.* 15 March 2016. https://bit.ly/2LWMY6l. Accessed 28 August 2017.

道德，因此，没有专门的商业道德或因情境不同而产生的道德。

如果需要规范商业道德，德鲁克认为应该以儒家道德为基础，强调正确的行事，而不是错的行为方式或错的做法。

德鲁克认为，管理人员在实践自己的道德哲学的时候，应综合以下内容：

- 希波克拉底（Hippocrates）医生的个人责任道德：拉丁语"primum non nocere"，可翻译为"最重要（或首要）的事情是不做会带来伤害的事情"。⊖⊜
- 镜子测试：每天早上照镜子时，我想从镜子里看到的是什么样的人？⊜

⊖ Drucker, *The Changing World of the Executive*, 366-375.
⊜ Although Drucker, and others, declare *primum non nocere* to be part of the Hippocratic Oath, this is not true. See "Primum non nocere". *Wikipedia*, https://bit.ly/1F3eczW, accessed 2 March 2018.
⊜ Drucker, Peter F. *Management Challenges for the 21st Century* (New York: Harper Business, 1999), 175-176.

第6章
如何精通业务

PETER DRUCKER'S WAY TO
THE TOP

从无能到平凡所付出的精力和努力要远比从一流到卓越多得多。

——彼得·德鲁克

看似基本常识，但德鲁克认为，有太多的管理人员在办公室政治上（钩心斗角）所花费的时间远远多于掌握业务方面所花的时间。我觉得，德鲁克本意不是想让管理人员成为像电视剧里的马丁医生（Doc Martin）那样的人物——完全不顾对待病人或与其互动的方法或态度，而仅凭自身能力实现成功。

诚然，一个人可能会在其他方向上走得太远。戴维·哈克沃思（David Hackworth）以列兵身份开始自己的职业生涯，朝鲜战争期间，他被抽调去参加战斗。他写过几本书，讲述自己的军旅生涯，尤其因为对军队该如何运作直言不讳地表达自己的观点而名声在外。他坚信，有能力的作战军官不应摆出一副"香水王子"（perfumed prince）的做派。这个观点获得了很多人的认同，或许德鲁克也会接受。哈克沃思还认为，战斗的压力需要得到有控制的释放，并坚信军队应资助为参战士兵开设合法的欢娱场所，而不需要在乎个人宗教或道德问题，满足他所认为的士兵的需求问题，同时降低患病风险。德鲁克会认同吗？这的确是很重要的道德问题，可能会引来严厉的批评。我觉得德鲁克会认为，由此产生的问题和争议会超过这一做法所能带来的任何好处。

德鲁克认为任何形式的极端做法都不好。任何职业的高端人士应践行的实际行为是了解自己所做的事情。格罗夫斯将军（General Groves）建造了五角大楼，这是一座走廊长17英里的办公大楼。后来在二战期间，他又组织制造了原子弹，但他没有陷入办公室政治，成为"香水王子"，也没有陷入建造欢娱场所之类的争议。在接受任务时，他虽然没有任何相关经验，但他花费大量时间努力学习取得成功所需的各种知识。不论有没有实践经验，他通过努力学习精通业务，没有走极端。尽管在第二个项目（制造原子弹）中，他的下属多数是物理学博士，而他自己甚至没有研究生学位，但他还是努力去掌握充足的知识，分离出同位素，不仅成功完成了项目任务，研发出武器，而且还参与了轰炸目标的遴选工作。

胜利或成功没有替代品

二战期间，美国陆军开展过一项研究，希望了解士兵对其领导的看法。这是第一次有军队进行规模巨大的这类研究，数百万人接受了调查。实施这项研究的是最优秀和最聪明的人，有哈佛大学、普林斯顿大学和芝加哥大学的教授。他们问："卓越领导者身上最为重要的因素是什么？"研究人员所获得的最常见回答是："领导者要精通业务。"⊖

将军精通业务为什么如此重要呢？因为如果不精通业务，他就不可能成功。这条规则也适用于其他职业。它会帮你把人才吸引到自己身边。人人都想加入成功胜利的组织。陆军上将道格拉斯·麦克阿瑟对此表述得最为准确："胜利无可替代。"

二战期间，交战的另一方，有位德国军官也表达过类似的意思。1943年，沃尔夫冈·吕特（Wolfgang Lüth）上校对即将毕业的海军学员发表讲话。吕特上校是德国海军最成功的潜艇指挥官之一。

二战期间，共有39 000名官兵服役于德国U型潜艇部队，最终只有7 000人幸存下来。看过获奖电影《从海底出击》（*Das Boot*），你就会知道这些人以及美国人是在多么艰难的条件下生存和战斗的。参加U型潜艇巡逻，对所有潜艇船员来说，能活下来就已经是严峻的考验了。然而，吕特不仅活

⊖ National Research Council with the collaboration of the Science Service, *Psychology for the Fighting Man*, 2nd ed. (New York: Penguin Books, 1944), 307.

下来了，在 3 年的战斗中，他领导了 12 次巡逻，总共击沉了近 25 万吨位的盟军运输船只。他随潜艇出海 600 天，其中的一次巡逻创下了出海纪录，长达 203 天。不足为奇，这位神奇的潜艇指挥官荣获了德国级别最高的骑士勋章。

面对这些即将毕业的未来海军军官，吕特讲话的主题是 U 型潜艇上的领导问题。吕特上校的讲话涉及多个方面：该做的和不该做的、潜艇船员的生活和纪律。同时，他表示艇长的工作主要是做出决断，当然其他指挥官可能采取不同的行动也会取得成功。不过他说，从领导力的某一方面来看，正确答案只有一个。

他指出："船员，哪怕是智障者，总是更喜欢成功的指挥官，他们不会喜欢那些只考虑自身利益，却没有击沉过任何船只的指挥官。"⊖ 和美国陆军的研究结论一样，吕特上校发现了任何组织中的任何一位领导都必定具备的一个特征：领导必须精通业务。只有这样他才能获得成功，而不是成为"香水王子"，或通过任何形式的装腔作势，或办公室政治，就能成功的。只有精通业务，除此之外，别无他法。

二战期间，在英国战场上，马歇尔·蒙哥马利（Marshall Montgomery）是英国主要将领之一。是他，在北非击败了著名的德国将军埃尔文·隆美尔（Erwin Rommel），为自己赢得了"阿拉曼的蒙哥马利"（Montgomery of Alamein）称号。他说过同样的话："士气是战争中最重要的单一因素，而战争取得高昂士气的最好方法是打赢战斗。优秀的将领能以尽可能少的伤亡来赢得战斗，但是士气，即便在发生重大伤亡时，也能保持高昂。只要他们打了胜仗，大家就会知道自己的牺牲没有白费。"⊖

⊖ Luth, Wolfgang. "Command of Men in a U-Boat". Speech given in 1943 at a German Naval Officers' Course reported in Harald Busch, *U-Boats at War*, trans. L.P.R. Wilson (New York: Ballantine Books, 1955), 162.

⊖ Montgomery, Bernard L., *The Memoirs of Field-Marshall Montgomery* (New York: World Publishing Co., 1958) p. 77.

精通业务在商场与在战场同样重要

你可能会认为，在军队或平时生活中，精通业务是显而易见的事。可不幸的是，有些人对精通业务达不到应有的程度似乎还不怎么在意。德鲁克发现了这一点。的确，这些人对成为专家、学会自己的专业知识不够重视，而更注重于成功的结果。它导致人们看重办公室政治以及管理情况的其他方面，而不看重管理的专业能力。同样，不少管理类书籍在为读者提供建议时，也落入了同样的窠臼。它们没能强调，组织里的每个人都清楚领导知道要做什么时，领导才能成为该组织的真正领导者，而不是因为领导知道如何升职获得该领导岗位。

几乎没有人会因为领导擅于搞办公室政治而追随他。人们追随领导者，往往是因为领导者擅于做自己的工作。如果一位领导者愿意投入时间来成为专家，那么这样的领导者无可替代。正如《财富》杂志的一篇文章所讲："忘掉各种争夺头衔和地盘的事情吧，真正重要的是你的学识（以及你运用自己学识的方法）。"[1]

1994年，戈登·M.贝休恩（Gordon M. Bethune）接任了曾两次申请破产的美国大陆航空公司（Continental Airlines）的首席执行官一职。在一年多的时间里，他建立了6.5亿美元的现金储备，并把大陆航空公司的起飞准点率从最后一名提升到了所有航空公司中的第二位。这是实现客户满意度的重要途径。年轻时，贝休恩上夜校，获得了高中毕业证。他精通业务，了解如何运用自己所知道的一切。他上过五所大学，最终获得了艾柏林基督大学（Abilene Christian University）的学士学位。从当海军机械师开始，到成为美国大陆航空公司的首席执行官，他既获得了飞行员执照，又是一名机械师。

---

[1] Montgomery, Bernard L., *The Memoirs of Field-Marshall Montgomery* (New York: World Publishing Co., 1958), 77.

其实，他的执照可以飞行多引擎喷气式飞机。很少有航空公司的总裁敢说自己可以做到这些。他有时会从西雅图接收公司的喷气式飞机，并亲自驾机飞往大陆航空公司总部所在地休斯敦。没有其他航空公司的总裁能做到这一点。大陆航空公司需要这样一位领导者。当贝休恩出任大陆航空公司总裁一职时，这家陷入困境的航空公司正第三次走向破产的边缘。

贝休恩清楚他的前辈失去了什么，德鲁克也同样清楚。失去的不是供应商所认为的最重要的价值，而是客户的信念。航空业中，每座位英里成本是衡量利润的重要指标，如果客户对产品或服务不满意，该指标就几乎没有意义。

受聘两年之后，贝休恩就当选为公司的董事会主席。大陆航空公司开始从每个可测量的绩效类别的排名倒数第一，摇身一变成为赢得客户满意奖项比世界上其他任何一家航空公司都要多的公司。《商业周刊》(*Business Week*)杂志把贝休恩评为全球顶级的 25 名管理者之一。在他的领导下，大陆航空公司的股价上涨了 20 多倍。公司获得的荣誉还有《财富》杂志连续 6 年将其评为美国 100 家最适合工作的公司之一，并且它 5 次登上全球最受敬重的航空公司榜单。⊖

精通业务的四个方面

德鲁克清楚"精通业务"应关注四个主要方面的内容，它们分别是：

- 了解自己人。
- 成为所在领域的专家。
- 从成功或失败中学习一切经验。
- 不断学习。

⊖ "Gordon Bethune". *Wikipedia*, https://bit.ly/2O5GcIQ, accessed 30 August 2017.

了解自己人意味着要了解他们每个人

不管你做的是什么工作，都需要很好地了解与你相处的人。你还得认识很多人，包括可能要向你汇报工作的人，与你同级和在其他组织（包括其他企业）里与你合作的人，以及包括老板在内、组织中级别比你高的人，当然还有你的客户。的确不少。况且，他们每个人都彼此不同，做事特立独行。这构成了了解自己时最让人着迷，同时也是最具挑战性的事情之一。

每一个人的想法都互不相同，激励他们的原因也各不相同。心理学家卡尔·荣格（Carl Jung）发现，面对完全相同的情形，我们每个人所偏爱的行为方式、决策方式或解决问题方式千差万别。

伊莎贝尔·迈尔斯（Isabel Myers）和她的母亲凯瑟琳·C.布里格斯（Katherine C. Briggs）对荣格关于不同类型的人喜欢如何工作的理论进行了整理，把该理论整合成了一个概念框架和一个称为迈尔斯–布里格斯类型指标（Myers-Briggs Type Indicator，MBTI）的心理测量问卷。根据对决策选择的偏好以及对一系列问题的回答，区分出了16种不同性格类型的人。令人惊讶的是，这16种性格类型在很大程度上决定了每个人的生活、爱情及偏爱的工作方式。

MBTI已成为全球使用最广泛的研究调查工具之一，应用范围从工作偏好到配偶选择，无所不包。然而，MBTI并不是一个成功的指标。

16种性格类别中的每一种类别都有成功人士。MBTI带给我们的主要启示是，我们都是人。我们有不同的生活经历、不同的信仰和价值观。要影响他人、与他人共事、成为其领导，以及做任何其他事情，你需要知道并了解这些差异。⊖ 德鲁克坚信，想要了解一位新老板，首先要了解他是一位倾听者，

⊖ For those who want to know more about these Jungian concepts, the MBTI, and how it is used, I can recommend the following books: *Gifts Differing* by Isabel Briggs Myers with Peter B. Myers (Palo Alto, CA: Consulting Psychologists Press, 1980); *Please Understand Me*, 5th ed., by David Keirsey and Marilyn Bates (Del Mar, CA: Prometheus Nemesis Book Company, 1984); *Type Talk* by Otto Kroeger and Janet M. Thuesen (New York: Delacorte Press, 1988).

喜欢听你讲，还是一位读者，喜欢阅读报告获取信息。在德鲁克看来，不论你了解与否，一旦搞错，你就可能失败。如果你不知道怎么才能了解这些，德鲁克认为，这非常容易，只要开口问就行。

成为专家要容易得多

人们通常认为，要在某个领域成为专家需要花5年左右的时间。当然这可能因其所处的领域，以及你对专家定义的不同而不同。史蒂文·斯皮尔伯格（Steven Spielberg）就花了比这更长的时间，如果你觉得他很早就成名了，那么看起来，他的成功所花的时间比实际要短。

斯皮尔伯格可能是我们这个时代最为成功的电影制作人。20多岁的时候，斯皮尔伯格就成功执导了电影《大白鲨》（Jaws）。大获成功之后，他没有止步不前。他随后执导了《第三类接触》（Close Encounters of the Third Kind）、《外星人E.T.》（ET）、《夺宝奇兵》（Indiana Jones）、《紫色姐妹花》（The Color Purple）、《辛德勒的名单》（Schindler's List）和《侏罗纪公园》（Jurassic Park）等多部电影。

斯皮尔伯格在如此年轻的时候是怎么完成这一切的？因为他是富二代吗？因为他的父母在电影圈有人脉吗？那可未必。他的父亲是一名电气与计算机工程师，母亲当时是一名音乐会钢琴家。他们一家搬到加利福尼亚后不久，父母就离婚了，那时史蒂文才十几岁。

斯皮尔伯格是不是上过像洛杉矶附近的南加州大学（University of Southern California，USC）那样很棒的电影研究生学院，毕业后马上受聘，开始高薪导演生涯？是这样吗？不是！其实，斯皮尔伯格曾两次申请南加州大学，并且两次都被拒绝了。这所大学可能非常后悔当时的决定吧。

实际上，斯皮尔伯格的秘诀在于花时间去成为他想做的事情方面的专家。

12 岁时，他拥有一台 8 毫米的电影摄影机，并开始制作家庭电影，由亲戚和朋友担任演员。他当时就确定了自己的人生目标，那就是拍电影。

工作一年后，他因为写了一部完整的战争片剧本而获奖。16 岁时，他制作了一部两个半小时的科幻电影，成本只有 500 美元。他说服当地一家电影院帮忙放映这部电影。电影可能的确不是很好，只放映了一次，但斯皮尔伯格并没气馁，因为他已经快成为专家了。

斯皮尔伯格第二次申请了南加州大学电影学院，等待结果时，他却被加利福尼亚州立大学长滩分校（Cal State College Long Beach）录取，并于 1970 年毕业，获得英语学士学位。还是学生时，他就在环球影城（Universal Studios）的编辑部门获得了一份不带薪的实习工作。后来，他获得机会制作了一部 26 分钟的短片，供影院放映。22 岁时，他向一位朋友借了 15 000 美元，拍摄了一部短片。该片赢得了一些奖项，他因此引起了环球影城一位副总裁的注意。这位副总裁很快就认可了斯皮尔伯格的才华和专业能力。他聘请斯皮尔伯格担任导演，并签了一份为期 7 年的合同。㊀ 此时，斯皮尔伯格俨然已经是专家了。他精通业务，因此取得了一系列的成功。

必须从每一次经历甚至失败中学习

哈兰·桑德斯（Harland Sanders）"上校"退休拿到第一笔养老金后，就觉得自己还没有活够。后来，他上路了，花了两年时间向快餐店老板推销他的肯塔基炸鸡食谱创意。他刚开始没有向他们要钱，只是让老板尝试用他的食谱，如果成功，则每卖出一单就给他几美分。他所找的每一家老板都拒绝了他。他失败了可能有上百次之多。但桑德斯从每一次被拒绝中吸取教训。他

㊀ "Steven Spielberg Biography". *Encyclopedia of World Biography*, https://bit.ly/2I2Z3WF, accessed 30 August 2017; "Steven Spielberg". *Wikipedia*, https://bit.ly/2qAljJY, accessed 30 August 2017.

改进了自己的推销陈述，开展更多研究工作，学会了如何应对每一种可能的反对意见。终于在两年后，有人接受了他的食谱，然后一个接着一个的快餐店开始接受他的食谱。

小约翰·Y. 布朗（John Y. Brown, Jr.）曾是肯德基炸鸡块的所有者。他担任肯塔基州的州长时，曾这样写道："桑德斯带走了一群人，其中大多数人的生活从没顺利过。然后，他让这些人成就了自己。……在我有生之年，我有机会见到并认识了9位美国总统，多数都是我们这个时代的政治和商业领导者，但这位桑德斯上校仍属于那些为数不多的伟人之一。"⊖

温斯顿·丘吉尔是我心中的一位英雄。我知道，他也是德鲁克心中的一位英雄。年轻时，他是军队里的一位英雄。一战期间，他是海军大臣，策划了灾难性的加利波利战役（Gallipoli Campaign），因为他相信这能包抄德军，更快结束战争。这场战役以失败告终，伤亡惨重。丘吉尔因此辞去了安全的文职工作，加入英国军队，并立即志愿前往最危险的前线执行任务。每个人都以为他的政治生涯将永远结束。但如果你看过电影《至暗时刻》（*Darkest Hour*），你就会知道他成了英国首相。他不仅在二战初期领导英国单独对抗希特勒，而且还团结了一切力量，一直坚持到局势扭转。如今很多人称赞他拯救了一切，甚至拯救了西方文明。如果你认为失败会终结自己所做的事情，最好记住他的话："成功不是最终结果，失败也不致命：继续下去的勇气才最重要。"

不断学习

如果你以为自己在职业生涯中已经学会了所有需要掌握的一切，那你就大错特错了；不管你正处于职业生涯的哪个阶段，是新雇员还是企业总裁，

⊖ Pearce, John Ed. *The Colonel* (New York: Doubleday, 1982), dustcover, vi.

总会有新的做事方法出现。技术在不断改进。商业环境在持续变化，并且与你刚进入新的企业、行业或区域时相比，商业环境通常已经发生了巨大变化。我记得曾听一位刚大学毕业的学生说过："我再也不需要看书了。"

德鲁克认识到，成功的组织如果继续做过去曾让自己获得成功的事情，那么这个组织终将失败。这是为什么呢？因为变化。它使组织过去为取得成功所了解的或做过的事情变得无关紧要，甚至是错误的。这适用于所有情形。所以你必须学会跟上变化。你必须不断推陈出新，找出新方法和新技术来解决分配给你的每个任务或项目。这就是"精通业务"的全部内容，这是德鲁克所了解的很重要的一点，让他事业有成。

7

第 7 章

期望及其表达

PETER DRUCKER'S WAY TO
THE TOP

正确的管理强调目标之间的平衡。……要避免屡见不鲜的错误商业行为：通过危机和外界驱动来进行管理。

——彼得·德鲁克

有时候，管理比想象的更简单。心中没有目标或没有清晰准确地定义目标，就很难实现任何目标。心中没有清晰的目标，任何为你工作的人也不可能会有这样的目标，你极有可能实现不了目标。通过危机和外界驱动来管理，从而导致混乱的现象极为普遍。德鲁克知道，一个人或一家企业登上巅峰的道路必须准确地说出来，并且必须向所有相关者，尤其是要向自己宣布。

成为领导后，其他人就会期望你做好各种准备

德鲁克与日本企业合作了许多年，为它们提供咨询服务。他曾对日本管理理论的美国版和全面质量管理（TQM）的先行版本"Z理论"做过评论。当时人们普遍认为这种理论是管理美国企业的最佳方案，但德鲁克却坚持认为，不是"质量小组"，也不是日本人运用的其他一些独特的技术改变了日本商品的质量。戴明（Deming）、朱兰（Juran）和其他质量管理领导者只是让日本的企业领导者认识到了这个问题。一旦认识到这一问题，日本商界领导者就对质量方面宣布了自己的期望。这就把企业的重点重新引向此前因为觉得不重要而被忽视的问题上。"质量小组"和其他技术在美国发展成为全面质量管理，强调先要认识到这是需要做的事情，然后才去努力做到。

德鲁克认识到："有效领导的基础是要认真思考、明确界定，并确立组织的使命。领导者设定目标，确定优先等级，制定并维持标准。……区分领导者好坏的标准是目标。在现实约束下，其中涉及政治、经济、金融或人员方面的问题，一个人因此做出的妥协是否与他的使命和目标相一致，还是与其

相背离,这决定了他是不是一位有效的领导者。一个人是不是能坚持几个基本标准(用实际行动亲身示范),或者他是不是能受自身'标准'的约束,决定了他这个领导者会有真正的追随者,还是只会有一些虚伪的随波逐流的追随者。"㊀这同样适用于普通个人。那么,我们先从自己的使命、目标和目的是什么开始。你有什么期望?你会看到,这不仅适用于你所领导的组织,也适用于你自己。我们先来看看你可能领导的组织的情况。

弗雷德·史密斯如何创建了非常成功的联邦快递

弗雷德·史密斯(Fred Smith)如何用被大学教授评为 C 等的营销计划创建了联邦快递(FedEx),这个几乎是谜一样的故事已经成了商界传奇,但确实差不多就是这样的。弗雷德·史密斯将自己的成就归功于从海军陆战队学到的良好领导力。史密斯的个人领导才能帮助他建立了这家全球知名的公司。这并不奇怪,因为史密斯非常清楚地向员工宣布了自己的期望。宣布和沟通期望帮助史密斯创建了一个新的行业。

员工达到他的期望后,史密斯会以夸张的方式表达自己的高兴之情。新员工被告知,可以获得的最高赞美是"干得漂亮,勇士!",这是海军陆战队用语,意思是:"活儿干得非常棒,你的表现早已超出了任务的要求。"史密斯曾是海军陆战队员,这比大学课堂中任何一个 C 级营销计划都有更大的影响力。

有一次,UPS 快递公司员工大罢工,联邦快递每天都额外收到近 100 万个包裹,忙得疲于奔命。数千员工需要在深夜、周末以及其他不方便工作的时间坚持加班。罢工期结束后,史密斯下令发放奖金,并在报纸上刊登整版广告,祝贺自己的员工让联邦快递能受理并完成这项超出计划的工作。

㊀ Drucker, Peter F. "Leadership: More Than Dash". *Drucker Management* (Spring 1994), 3.

所有的祝贺都以"干得漂亮，勇士！"结尾。有人说，这比额外发钱更有意义。史密斯知道如何表达自己的期望，并知道在这些期望实现时如何奖励员工。

好了，这是日常工作，但最重要的是愿景。愿景对个人的重要性犹如设定了自己的目标，而对你所可能领导的组织来说，则犹如有了期望。

愿景是最重要的

愿景包罗万象，是你希望组织或自己在未来所呈现出的样子。没有愿景，你和组织只会随波逐流。没有愿景，你永远实现不了目标，组织也同样如此。

伟大的愿景总是力量无穷

领导者的愿景具有极强的力量。这是对的，因为愿景总是高于领导者自己。诺曼·文森特·皮尔博士（Dr Norman Vincent Peale）写过一本畅销书《积极思考的力量》（*The Power of Positive Thinking*），他发现了伟大愿景的力量，即"你拥有它，因为它拥有你"。⊖ 这样的愿景力量非常强大，甚至会出现在潜意识之中，让理想变成现实。

诱人的愿景可以改变一切

马丁·路德·金博士（Dr Martin Luther King）在自己最有名的演讲中告诉听众："我有一个梦想。"他紧接着描绘了一个与当时的现实情况截然不同

⊖ Peale, Norman Vincent. *The Power of Positive Thinking*, first Fireside ed. (New York: Simon & Schuster, 2003), 26.

的美国，在这里，评价人的标准不是肤色，而是品质。金博士的愿景促进了美国的永久改变。

山姆·沃尔顿（Sam Walton）创建了令人叹为观止的零售连锁店。他的愿景是在大型零售商不提供服务的地区，以优惠的价格为客户提供高质量的商品。他有非常强烈的愿景，以至于以个人前途和福利作为赌注，辞去了杰西潘尼公司（J. C. Penny）的高薪管理职位，转而去实施自己的愿景。沃尔玛（Wal-Mart）就是他的强烈愿景所带来的成果。

所有成功的组织，无论是小企业、《财富》500强企业、体育团队、作战部队，甚至国家，都必须建立在清晰而又富有吸引力的愿景之上。该愿景为组织中的每个人指明方向。它指导着所有行动，并准确地告诉大家组织的未来发展方向。组织成员能很好地参与愿景，并愿意为之努力。神奇的是，组织通常会实现其领导所预见的愿景，有时每一个细节都不差。

组织领导者在愿景存在之前就能预见它

罗伊·迪斯尼（Roy Disney）是沃尔特·迪斯尼（Walt Disney）的哥哥。罗伊在佛罗里达州迪士尼世界度假区建造了一座未来世界（EPCOT Center）主题公园。开园时，有位记者采访了罗伊。采访中，记者评论说："很可惜，沃尔特没能看到这一切。"沃尔特在未来世界开园前就去世了。记者接着说："那么，沃尔特对于未来世界会有什么看法呢？"

罗伊·迪斯尼毫不犹豫地回答道："沃尔特几年前就预见到了，比其他任何人都早……这才是你我今天能够看到未来世界的原因。"

组织领导者总能最先在自己的头脑中预见成品。这种预见通常都是最终产品相当准确的呈现。然后，他向别人（和自己）宣布这些期望，激励他们，开始动员他们去实现这一愿景。再说一遍，这通常发生在最终产品问世之前很久。

1948年,迪斯尼带女儿去一家游乐园游玩。他很难过,游乐园已经破败不堪,父母们已经不想再带孩子前去玩耍。沃尔特·迪斯尼在这一年制作了一个备忘录,称之为"米老鼠公园"。上面写着:"迪士尼小镇里会有火车站,整个小镇将围绕一片乡村绿地或休闲公园而建。公园里有长椅、乐队演奏台、饮水器、树木和灌木丛。园内可供游人坐下休息。妈妈和祖母可以看着孩子们玩耍。我希望这里让人轻松愉悦、心旷神怡,希望这里魅力无限。"⊖ 于是,沃尔特·迪斯尼开始勾勒出创建"地球上最欢乐的地方"的愿景。

看见自己的期望,并表达出来

愿景必须足够强大,这样才能有超越可能阻碍其实现的自负或消极的想法。⊜ 我的大儿子巴拉克(Barak)在十几岁时就想去西点军校上大学。这个目标很不容易实现,我应该知道,因为我自己也是大学毕业。巴拉克学习很刻苦,平均绩点很高。但每位国会议员只能在他的选区推荐一个人选,尽管巴拉克的平均绩点达3.8分,是优秀毕业生,但我们的选区内还有4名优秀学生申请,其绩点为4.0分。因此,巴拉克在第一次申请时未能实现自己的愿景。但正如著名的励志演说家托尼·罗宾斯(Tony Robbins)所说:"上帝推迟你的成功不等于拒绝你的成功。"巴拉克上了另一所大学,但依然秉持自己的愿景,来征求我的建议。我建议他制作一张名片大小的卡片,上面写着:"我一定要上西点军校,并且一定会在四年后毕业。"他要把这张卡片放在钱包里,而且每天要拿出来大声念上至少三遍,想象自己就是西点军校的学员,以及实现被西点录取的目标后的感受,并且写下成为西点军校学员的种种好处。

⊖ Thomas, B. *Walt Disney: An American Original* (New York: Simon & Schuster, 1976). 218.
⊜ Freiberg, Kevin and Jackie Freiberg. *Nuts! Southwest Airline's Crazy Recipe for Business and Personal Success* (Austin, TX: Bard Press, 1996), 49.

巴拉克听从了我的建议，并且按照我的建议做了。他每天都会从钱包里拿出卡片，朗读自己写下的积极指令。第二年，他再次申请西点军校，终获成功，并按照计划于四年后顺利毕业。

《圣经》：无愿景，人桀亡，但毛虫亦是如此吗

《圣经》告诉我们："哪里没有愿景，那里就会有人死亡……"（箴言29:18）。你相信我们能从昆虫身上学到和愿景相关的东西吗？我是相信的。让–亨利·卡西米尔·法布尔（Jean-Henri Casimir Fabre）是法国博物学家、昆虫学家和作家，他的畅销书用生动活泼的语言来描写昆虫生活。刚开始，法布尔对一种叫作"列队毛虫"的奇特昆虫产生了好奇。让这种毛虫与众不同的原因是它们的爬行方式。毛虫的整个家族首尾相连，成为一体，共同前行。它们一个接一个彼此连在一起，形成一条长长的、起伏的、互相连接的线条。前面的毛虫知道要去哪里。其他毛虫只需跟着，当它们紧紧抓住并一起前进的时候，它们每只毛虫看到的是另一个家庭成员的尾部。

法布尔很好奇，如果它们不知道自己要去何方，会发生什么？于是他设计了一个小实验。他找了一个已经彼此连接好的毛虫家庭，把领头的毛虫和末尾的毛虫连了起来，这样就没了领队，也就没有了愿景。

这样，他把这些昆虫形成一个圈，于是它们绕着这个圈爬行。他想知道的是，这些毛虫会绕着圆圈爬行多久。它们看不见目标，只能看见前面毛虫的尾部。在不知道去哪里时，它们会继续爬行多久才会改变策略，或者至少停下来休息一下？

法布尔把那一圈不知自己去向的毛虫放在花盆的边缘，花盆的周长正好与毛虫圈的大小相当。他在花盆底部放上水和桑叶。桑叶是列队毛虫最喜爱的食物。毛虫要开始绕圈爬行时，法布尔看着自己的手表，让助手把毛虫放

下，他们在一旁观察和等待。他希望精确地计算出，毛虫们漫无目的地沿着花盆边缘爬行的时长，换句话说，失去目标的毛虫会这样爬多久。

没了愿景，毛虫就会不停地爬行，不吃也不喝。它们不停地兜圈子，直到没了体力，失去知觉。可是食物和水就在几英寸远的地方。《圣经》说，没有愿景，人类就将灭亡。这个道理似乎也适用于毛虫。

如何表达并实现所有的期望

无论期望是你的组织或你本人的某个任务、目标、目的，还是愿景，这都无关紧要。宣布并实现它们的步骤是一样的，分别是：

- 明确期望。
- 让期望富有吸引力。
- 制订计划。
- 宣传期望，执行方案。
- 倾听、反馈并调整策略。

明确期望

我知道这听起来可能过于简单化了，但事实是有些人不知道他们自己想要什么，也不知道其组织的未来所在。他们可能不知道自己想要什么，他们只希望自己的组织能够"成功"。但除非负责人明确了成功对其自身和组织的意义所在，否则就毫无希望。没有明确的期望，组织就无法完成任务，无法实现目标，也不能达成任何目的。它只会像围成圈的毛虫一样死去。因此，你必须花时间搞清楚自己的期望到底是什么。

明确目标，集中精力

所有战略或成就的基础是在关键节点集中优势资源。由于资源总是有限的，把它们集中到哪里极其重要。20世纪初期，克劳德·霍普金斯（Claude Hopkins）创办了一家美国最大的广告公司。他写了两本畅销书：《科学的广告》（*Scientific Advertising*）和《我的广告生涯》(*My Life in Advertising*)。有一天，有记者问他的成功原因是什么。他回答说："很简单，在任何一个项目上，我花的时间都比对手多。"换句话说，他把最有限的资源都集中到了重要的地方和自己的工作中，且远超对手。

做出选择，不要什么都做

很多人会为自己同时拥有许多不同目标而感到自豪。如果仔细观察，有时候这些目标甚至可能相互排斥。例如，我知道的一家公司，在销售和利润方面设定了一些短期目标。但目标的设定方法出了问题，要完成销售目标，他们就无法完成利润目标；反之亦是如此。这些想同时实现多个目标的企业管理者不明白，自己为什么不能在任何一个期望上取得更大的成功。巅峰绩效专家查尔斯·加菲尔德博士（Dr Charles Garfield）说："好好选择，不得贪求！"仔细选择每个期望，弄清楚其真正意义。想一想，这是不是值得自己和组织为之付诸努力？如果是，你就可以把优势资源集中到关键环节。就像克劳德·霍普金斯那样，你会成功的，只要在任何一个既定项目上投入更多精力，只要专注于有价值的期望，忽略价值不高的期望。一旦实现主要目标，就接着进行下一个目标。

高乐氏首席执行官的成功之道

高乐氏公司（CLOROX）董事长兼首席执行官G.克雷格·沙利文（G.

Craig Sullivan）接管公司时，明确地表达了一些重要的期望。他在高乐氏公司工作了 25 年，刚开始是从事销售工作，有足够时间想明白自己在高乐氏的目标。他清楚地知道自己想做什么，但这并不容易。他接任时，高乐氏的股票下跌了 5%。到任后不久，他就制定了雄心勃勃且可以实现的增长目标。有些高层管理者对此犹豫不决。沙利文建议，不想参与的最好走人，几乎一半的高管老员工都走了。

"我认为，我的优势在于我对公司的长期'观察'，所以我非常清楚需要做些什么。此外由于我不够聪明，做不了复杂的事情，所以我会尽量让事情简单化，并集中力量。这似乎取得了不错的效果。"① 的确如此。沙利文掌管公司以后，收入逐年增长。很快，销售额就超过 25 亿美元，比他刚上任时增长了 14%。② 高乐氏的市场总监格伦·R. 萨维奇（Glenn R. Savage）指出："为员工制定明确目标的作用巨大。"③

不像其他人那样害怕表达自己的期望，害怕无法实现所公开的目标，沙利文向每一个人表达了他的期望。下面是当时沙利文为高乐氏设定的目标：

- 到 2000 年实现销售额 35 亿美元，这就要求在接下来的三年里的销售额年均增长 12%。
- 长期实现高乐氏价值测量（Clorox Value Measure，CVM）增速超过 12%。
- 实现股东总回报在标准普尔 500 指数公司的前三名，以及同行集团前三名。
- 到 2000 年，实现国际业务占公司总销售额 20% 的目标。④

作为高乐氏的首席执行官，沙利文非常成功。20 世纪 90 年代初，他重新让公司焕发了活力，把资源集中投入到一系列密切相关的产品线和产品类别

---

① Sullivan, G. Craig, letter to the author, 22 October 1997.
② *The Clorox Company 1997 Annual Report*, 1.
③ Hamilton, Joan O'C., "Brighter Days at Clorox". *Business Week* (16 June 1997), 62.
④ *The Clorox Company 1997 Annual Report*, 5.

之中。他出售了不符合产品组合的品牌，资助内部增长，并收购符合产品组合的品牌。

1999 年，联合利华（Unilever）宣布，将放弃大约 1 600 个品牌中的 1 200 个品牌，把多数资源集中到仅仅 400 个所谓的实力品牌上。这也是德鲁克所用过的策略。它建立在一个被德鲁克称为"放弃"的策略概念之上。在随后的章节中，我们会分析德鲁克是如何实施该策略的。

98 磅的弱者使其期望富有吸引力

说起富有吸引力的期望，我会情不自禁地想到查尔斯·阿特拉斯（Charles Atlas）。你可能听说过他。还有查尔斯·罗曼（Charles Roman），这位你也许没听说过。阿特拉斯是一个 20 世纪初从意大利移民到美国的穷人家的男孩。他的真名是安吉洛·西西利亚诺（Angelo Siciliano）。小时候，安吉洛非常虚弱，体重只有 98 磅⊖。有一次他被欺负得遍体鳞伤，一直哭到睡着，但他发誓绝不会再让地球上的任何人来伤害自己。

他发明了自己的独特健身方法，不需要健身器材。他不得不这样做，因为他买不起健身器材，也没有钱去健身房。那时候还不存在健身俱乐部，即便有，也没什么差别，因为他没钱。但在 12 个月内，他用一种自己首创的方法让体重增加了一倍，并把这种方法称为"动态张力"。他参加了健美比赛，并且获得了胜利。后来，他成为著名的艺术模特。以他作为模特的著名雕塑有华盛顿特区美国财政部大楼前的亚历山大·汉密尔顿（Alexander Hamilton）、纽约华盛顿广场的乔治·华盛顿，以及布鲁克林展望公园的"荣耀曙光"（*Dawn of Glory*）。阿特拉斯用比赛的奖金和做模特的收入开发了一门健身函授课程，并开始以寄邮件的方式销售。但他无法用自己的广告吸引

⊖ 1 磅约 0.45 千克，98 磅约 44 千克。

充足客源，因此他的亏本速度比体重上升的速度快得多。阿特拉斯已经结婚成家，有两个孩子，却没有收入，企业经营困难，陷入了严重的困境。这时候，查尔斯·罗曼出场了。

查尔斯·罗曼是纽约本杰明·兰茨曼广告公司（Benjamin Landsman Advertising Agency）新招聘的员工。绝望之中的阿特拉斯向该公司寻求帮助。罗曼当时刚从纽约大学毕业。作为新员工，他分配到的是潜力最差的客户，这就是阿特拉斯。罗曼仔细阅读了阿特拉斯的课程资料，认识到广告并未充分展现他的期望，也未能做到富有吸引力。罗曼想出了一些新颖的做法。在他们见面 4 个月后，阿特拉斯和罗曼成了合伙人。罗曼创造的头条新闻之一就是大声疾呼"让男人失去阳刚之气的耻辱"。罗曼请受访者核实他们想要的身材类型：胸部和肩膀更宽，腹肌更硬，双腿更强劲，腰腿更精干，体力和耐力更充沛等。从刚开始只能卖出几百套课程，到他们合作的第一年，销量上升到了 3 000 套，很快又达到了 10 000 套。在阿特拉斯去世前一年，他们在全球卖出了 23 000 多套课程。㊀ 该课程至今仍有销售。

重点在这里。阿特拉斯宣布了自己对潜在客户的期望，但在罗曼出现之前，他的做法并不够具有吸引力。罗曼让这些期望更富有吸引力之后，受到影响的大众就开始购买产品了，并且是大量购买。

德鲁克意识到，宣布自己期望来影响跟随自己的人，很像零售商试图影响潜在人群去购买东西一样。那些抵达巅峰的人就是这样做的，他们首先确保自己的期望足够有吸引力。

要让期望富有吸引力，就要问"为什么"

要想让期望富有吸引力，只有购买者获得巨大好处之后，期望才算实现。

㊀ Gaines, Charles. *Yours in Perfect Manhood, Charles Atlas* (New York: Simon & Schuster, 1982), 69.

你为了自己也必须这样做。实现了自己的期望，会产生什么好处呢？对你领导的组织来说，客户的生活会不会更好？怎样变得更好？组织成员会不会更开心，或者在工作上取得更多成就？社会能否因此受益？组织会不会在领域内荣获第一名的赞誉？仔细思考，弄清楚期望能带来的具体和明确的好处。

把期望记在本子上

一旦明确了自己的期望，清楚了必须实现期望的原因之后，就把它们写下来。措辞要清晰、直接且富有吸引力。这就是你想让组织到达的地方；这就是你所期望的组织的样子。保持努力，直到它们产生影响、变得清晰简洁。当你觉得已经把期望完整地写下来之后，先把它放在一边，过几天再回过头来进行完善。一旦用清晰且富有吸引力的措辞写下期望之后，你就已做好准备，可以开始计划如何实现这些期望了。

马克·维克托·汉森（Mark Victor Hansen）曾与杰克·坎菲尔德（Jack Canfield）合著过售出数百万册之多的"心灵鸡汤"系列书籍。他说过："写下101个目标，放到房间和办公室各处，你可以随时看到它们。接下来，每当实现一个目标时，别仅仅只是把它丢掉，而是应写上'胜利完成！'。"⊖

必须制订计划

俗话说，没有计划的人注定会失败。但是有人问电影明星保罗·纽曼（Paul Newman）对其成功的食品生产线有什么未来计划时，他回答说："如果我们制订了计划，早就完蛋了。"

我怀疑，纽曼的回答有点开玩笑的意味。我发现，即使获胜者总是有一

⊖ Hansen, Mark Victor. Speech, Crystal Cathedral, Garden Grove, California, 10 November 1997.

个计划来实现自己的期望，但该计划也不会总是被记录在案。但他们每个人都能详细描述自己的计划，无论是书面还是口头，都不会遗漏任何一个细节。我相信，纽曼也可能这样做过。德鲁克的确做到了，还让学生知道它的重要性，有些人称之为"电梯演讲"（elevator speech）。他们能在两分钟的电梯行程内，不用任何提示，讲述自己的整个计划。

制订计划是一个深思熟虑的过程。你既然已经精准地确定了自己的方向，以及为什么要去那里，那么现在，你必须明确自己准备怎么做，要先分析周边环境。数千年来，那些抵达巅峰的成功人士都是这样做的。他们会考虑多种行动方案来实现自己的目标，并选出最佳方案。德鲁克是这么做的，你也应该这么做。

有时候，实现最终目标需要把目标分解成多个小任务。你可以吃下一头大象，但每次只能吃一口。因此，你可能需要把大的目标分解成一个个更可行的小目标。

尽管你可以在头脑中这样做，但很多人觉得，把计划写下来，标上实现每个期望的固定日期，这样才会更有用。我知道，我自己也是这么做的。这是更有效地调动你自己和组织，从而实现期望的办法。而且，这也是你实现自己的期望应该做的事情。

宣传促进期望是执行的重大部分

宣传推动期望就是开展行动，就是宣传促进你希望组织做的事情，具体的价值是什么、你希望组织到达的地方，以及你希望组织成为的样子。好好想想，把它作为讨论的基础，一有机会就开展讨论并做好记录。把它和你所做的一切联系起来。每当有人采取行动，帮助你更加接近一个或多个期望的时候，让大家都知道，好好鼓励他们。正如马克·维克托·汉森建议的那样，不要仅仅在名单上打钩，而要宣布所取得的胜利。同样，在个人生活中也要这样做。

成功人士一有机会就会朝着自己的期望努力。有史以来最成功的销售经理之一，埃尔默·惠勒（Elmer Wheeler），为了向销售人员表达自己的期望，还专门创造了一个短语："别去卖牛排，而应卖铁板。"⊖一个世纪后，他的话仍在流传，被众多组织教给新的销售人员。

通过编剧，开启晋升之路

遵循这条普遍规律的成功人士知道，宣传推进期望的同时，对自己的期望进行调整很重要。不少人把自己的期望精简为具有重大影响的简短信息，并不断重复这些信息。

最后，倾听、反馈并调整策略

罗伯特·汤森（Robert Townsend）在阿维斯汽车租赁公司（Avis Rent-a-Car）发展最快的时期，担任了该公司总裁。正是他提出了"我们应更加努力"的口号，今天仍会偶尔听到。在《领导箴言》（*Up the Organization*）一书中，他讲到过，曾有一位对他的某项行动提议持有异议的副总裁，例行公事般地给他发来一条令人印象深刻的短信。其大意是："如果你坚持要这样做，那么我有责任帮你做到。但是，我还得恭敬地告诉你，你是在胡说八道。"⊜

这引起了他的注意，汤森不但没有生气，反而笑了出来。他听取了反馈意见，调整了原本计划好的行动。

⊖ Wheeler, Elmer. *Tested Sentences That Sell* (Englewood Cliffs, NJ: Prentice-Hall, 1937), Ch. 1.

⊜ Townsend, Robert C., *Up the Organization* (New York: Jossey-Bass, 2007) p. 55.

第 8 章
非凡投入,砥砺奋进

PETER DRUCKER'S WAY TO
THE TOP

如果没有做出执着的投入,那么就相当于只有空洞的许诺和愿望,而没有切实的行动。

如果没有对理念的价值投入个人承诺和信念,必要的努力就不可能持久。

——彼得·德鲁克

德鲁克清楚，承诺投入很难量化，但其对职业发展或领导组织发展的价值不可估量。他清楚，需要付出多少努力才能得到自己想要的东西，才能达到攀登顶峰所需的承诺投入水平。

在自己的职业生涯中，德鲁克从未怀疑过自己最终的结果，尽管他的经历并不总是一帆风顺的。大概在希特勒刚掌权时，对于德鲁克，所有事情都开始出问题了。他有个叔叔，在享有盛誉的一流大学科隆大学工作，曾表示过能帮德鲁克在那里谋得教职。况且，德鲁克已出版过多部德语著作。其中有一本是关于一位改信犹太教的德国著名保守派哲学家弗里德里希·朱利叶斯·斯塔尔（Friedrich Julius Stahl）的生平故事的。另一本书名为《德国犹太人的问题》(The Jewish Question in Germany)。很不幸，这些书都遭纳粹禁止并焚毁了。⊖事实上，希特勒、纳粹主义和德鲁克的犹太血统破坏了德鲁克当时的计划。幸运的是，德鲁克有先见之明，在相对容易离开的时候逃离德国，去了英国。对某个目标做出投入承诺的人往往很幸运，总能实现自己的目标。

德鲁克能够"透过窗户看世界"。这就是说，他善于分析问题，能从已经发生的事件中看出它们对未来的意义。因此，他能在1933年希特勒一上台就立刻离开德国，逃往英格兰。但德鲁克的奥地利口音很重，不能很好地使用英语交流。这样，他就根本不可能在英国获得教授职位。于是，他先在一家保险公司上班，后来又去了一家银行工作，这是通过一位奥地利犹太族同胞的帮助才获得的。他也不浪费时间，很快就开始努力提高自己的英语水

⊖ Byrne, John A. with Lindsey Gerdes. "The Man Who Invented Management," *Business Week* (28 November 2005). https://bloom.bg/2MoYFj6.

平。到了晚上，他开始创作自己的第一部英语著作，让他和他的思想最终闻名于世。他也许考虑过，这本书能帮他实现目标，在英国的主要大学获得教授职位。然而，在英国奋斗了四年之后，他觉得自己在美国更有可能成为教授。起初，他能得到的最好工作是在莎拉劳伦斯学院（Sarah Lawrence College）兼职授课，该学院当时只为女性设置了艺术和人文方面的课程。学院坐落于纽约的布朗克斯维尔（Bronxville）。1942 年，他终于实现自己的目标，在他离开德国之前就已经为之执着奋斗的目标。他成了佛蒙特州本宁顿（Bennington）一所规模不大的女子学院的全职教授。当然它不比科隆大学，但考虑到他属于奥地利侨民的特殊情况，这个机会的确是他向自己的愿景与目标前进的一大步。

拿破仑·波拿巴在他的《箴言集》(*Maxims*) 中指出："非常的形势需要非常的决心……世上有多少事情看似不可能，却最终被有决心的人完成了。"⊖ 德鲁克就是这么一个有坚定决心的人。

德鲁克继续做出非凡的承诺投入，我们知道，他在完成《公司的概念》一书之后，最终实现了自己的目标。⊜ 他在纽约大学担任管理学教授，后来在加利福尼亚州克莱蒙特研究生院成为世界知名教授。该学院现在用他的名字命名。为了抵达巅峰，无论是不是移民，你都需要克服众多的困难。

妮科尔·迪翁和"原始尖叫"

如今，妮科尔·迪翁（Nicole Dionne）已在业内成名。她是美国一家最为知名的音乐制作公司的首席执行官和创意总监。她为电影、电视、广告、品

⊖ Bonaparte, Napoleon, "Maxims of Napoleon," LXVII, published originally in Paris in 1830 and translated into English shortly thereafter in *Jomini, Clausewitz, and Schlieffen* (West Point, NY: Department of Military Art and Engineering, United States Military Academy, 1954), 89.

⊜ Drucker, Peter F. *Concept of the Corporation* (New York: John Day, 1946).

牌宣传片、电影预告片等各种类型的促销广告制作音乐，并获众多奖项。她获得过克里奥广告奖（Clios）（广告业的奥斯卡奖）和其他很多顶级奖项，为美国各大企业实施过数百万美元的大型宣传活动。㊀

我第一次见到迪翁是在 20 多年前。她是我采访的对象。那时，迪翁进入声音设计行业只有几年时间，资历尚浅。她只有 20 多岁，不久前才幸运受聘，在当地一家声音设计公司工作。接下来发生的事情展现了她非同寻常的执着精神，让她经受严苛的考验，但像德鲁克一样，最终取得了成功。

声音设计就是制造各种声音效果，为电视商业广告和电影预告片烘托气氛。迪翁有了自己的创意来改进业务，于是她制订了一份 30 页的营销方案，交给公司老板。

几个月后，她沮丧地发现，老板根本没看她的方案，更不用说同意或采用她的创意。迪翁找了一位同样是声音设计师的同事，与他讨论是否可能通过自己创业来实施这个方案。显然，他们当时讨论得过于兴奋。还在讨论时，老板就得知此事，于是她和这位未来伙伴双双被炒了鱿鱼。

他们正好利用这次失业的机会成立了自己的声音设计公司。更准确地说，他们迈出了创业的第一步。他们给公司起了个名字"原始尖叫"（Primal-Scream），以吸引人的注意。接下来，他们要做的就是筹集资金。在接受《洛杉矶时报》采访时，迪翁曾说："我捡起这个启动我的创业却曾被忽视的商业计划，做了必要的扩充。接着，我就开始着手联系各类投资商，而我所仰仗的只是合作伙伴莱因哈德·登克（Reinhard Denke），这位富有创意的声音设计天才。"㊁

迪翁见过数十位风险投资商。有些投资商感兴趣，但要求获得全部利润

㊀ PrimalScream Music."Nicole Dionne: CEO/Creative Director", https://bit.ly/2KySSpO, accessed 20 July 2018.

㊁ Klein, Karen E."Sound Approach". *Los Angeles Times*, 15 July 1997, D2, https://lat.ms/2vBEU0N.

的60%和所有的控制权。这种做法在业内倒也算正常，但在她看来，这样似乎重新回到了为人打工的状态。然而，尽管经历了一次又一次的失望，她也没有放弃努力。她表现出了超乎寻常的执着。

接下来，迪翁尝试申请小额企业贷款。她联系过全国近60家银行，都以失败告终。多数银行指出，她必须从事该行业两年以上，并且要有抵押物。她和合伙人把退休保险金都拿出来了，并加上所有存款，才凑了3万美元左右，但这些根本不够。也有银行建议她修改公司名称。他们认为："原始尖叫这个名字很糟糕，一点都不合规矩。"她没有理会，继续坚守其非凡的承诺。

直到有一天，有人向她推荐了一家银行的信贷员。她做了陈述，着重强调了自己的商业计划及其搭档的艺术创造力，以此申请7万美元的贷款。在银行看来，这仍是个重大风险，但由于她异乎寻常的执着精神，银行愿意承担这个风险，或者说部分风险，借给她3万美元。这只够公司勉强开张，但已经够了。

现在，他们需要找个地方。经过多次错误尝试之后，他俩在一个商业区找到了一所房子，租金刚刚在预算之内。接下来，他们需要一套价格不菲的音响设备，而这些东西可能要消耗他们全部的贷款。很幸运，设备制造商熟悉他们的工作，加上迪翁异常执着，他们总算以自己能够承担的金额租到了设备。

原始尖叫的成绩很好，几乎是一炮打响。短短3个月，他们就还清了贷款。8个月后，他们就扩展了业务，成为一家完整的音乐公司，租下了4 000平方英尺⊖的工作室。他们获得了两次克里奥奖。1997年在我采访迪翁时，其年销售额已超过100万美元；仅仅两年之后，他们就已成长为行业内的顶尖公司了。

⊖ 4 000平方英尺约372平方米。

迪翁对我说："一旦有担心时，我就会更加努力。我总会想起一群斑马被猎食者追捕的情形。被抓住吃掉的肯定不是始终保持专注且异常执着坚持的那只，而是开始时表现不错，然后会看看其他斑马是不是已经超过自己，甚至还会回头看看狮子的那只。我找过的人都明白这一点。每当被拒绝时，我就会立刻开始考虑，怎样把拒绝转变成'接下来怎么办'。"

别人会注意到你的执着和所作所为。对待自己人时，我也是同样的态度，他们也知道这点。我会全身心执着于我们所实施的任何项目之中，但我不会拘泥于某一种方法来实现目标。事实上，我有自己所谓的"被拒"原则。也就是说，如果有人不同意某种方法，我们就另辟蹊径。但我们始终执着于结果。只要你足够执着，你总会想到办法的。㊀德鲁克肯定会同意：他和迪翁的态度何其相似。

展现非同寻常的执着有什么作用

展现出非同寻常的执着，或非凡的执着，"无论发生什么都要执着坚持"对你会有什么用？为什么只要表现出不同寻常的执着就能影响你的绩效，为什么他人更愿意追随具有这种品质的人？研究执着品质的心理学家找到了两个主要原因，解释为什么表现出不同寻常的执着往往能产生戏剧性的结果，不仅能让他人来帮助解决问题和实现目标，而且还让自己更能够坚持下去实现目标：

- 向他人和自己证明，该目标很重要，值得为之一搏。
- 向他人和自己表明，你会长期坚持，不会半途而废。

㊀ Dionne, Nicole, interview with the author, 19 October 1997.

四种展现非同寻常执着精神的方法

任何人都能够向他人和自己展现出非同寻常的执着精神。可以有四种方法做到这一点，并不复杂，但也不一定简单。像迪翁这样的成功人士全都能做到。这四种方法对德鲁克有用，对你也同样会有用：

- 如果可能，公开自己的目标，要直面它。
- 即便遇到挫折，也要坚持下去。
- 即便形势看似不可能，无论如何也要继续。
- 接受风险，它对于任何值得为之一搏的目标都是正常的。

我的朋友乔治·帕特森使人执着投入的故事

乔治·帕特森（George Patterson）是年轻的空军上校，是我在西点军校学习时的教授。多年后他晋升为将军，又过了几年，他帮助我宣传过一本有关领导力的书。他给我讲了这样一个故事。从空军退役后，他成为俄亥俄州精密铸造公司（Ohio Precision Castings）的总裁。该公司签约为当时超级先进的 B-1 轰炸机供应一种新型燃油泵。这项交易金额高达数百万美元，并能创造很多就业岗位。

帕特森指出："铸造这些新油泵并不简单，以前没人做过。不论铸造工人多么细心，总会有不少油泵达不到要求的规格。产品被拒多次，几乎无法按时交付，我们不断赔钱。我当时急坏了。"

帕特森本可以根据合同重开谈判，要求延期交货，减少供应的产品数量。这些方案都是可能的，也是可行的解决方案。但他认为这样做可能会损害公司的声誉，并可能推迟 B-1 的投产。这还意味着他需要解雇一些工人。

帕特森没这么做。相反，他让每个人都像以前一样投入工作。"我反复与生产人员和工程师开会。大家群情激奋，纷纷表示不用寻求外界帮助，不解决问题誓不罢休。我知道我们肯定有解决办法，因此也进行了各种疯狂的尝试。"

帕特森的员工看到了他的执着，他们看出他绝不放弃。因此，他们也没有放弃，坚持和他在一起。通常，处理单一材料成型时，每个零件的配方（成分比例等）和成型温度都是一样的，只是零件的形状不同而已。但帕特森的专家发现一些有趣的现象：在这里并不是这样的。那如果他们改变配方和温度，对每一个独立的部件都进行优化会有什么结果呢？

通过实验，他们发现可以通过为每一个部件改变温度和配方来满足规格要求，但仍有一个问题。由于每个零件需要不同的温度和不同的配方，因此不清楚是否可以同时开发并运用这么多不同的铸造配方。这也是前所未有的。有些帕特森的员工认为，这表明他们成功不了。有人说："好吧，老板，我想我们得重新谈合同了。"

帕特森不这么认为。因为他异常执着，所以员工也一直坚持着。人人都一心想找到可行的解决方案，不仅仅是加班，而是夜以继日地工作。最终，他们发现了每个独立铸件的正确配方。帕特森说："我们把它贴在每一个部件的成型机旁边。因为每个部件的成型方式都不一样。"不良品数量开始急剧减少。

很不幸，在他们解决这个问题之后，马上又遇到了另一问题。工程师发现，空气接触铝制模具外部会导致铸模温度发生变化。温度变化导致部件产生细微的差异。虽然很小，但仍超出公差的范围。咨询顾问说他们没什么办法。他们声称，空气总会在一定程度上泄漏到模具外部。他们坚持认为，"规格要求过于严格"。

但帕特森没有放弃。因为他没有放弃，所以员工也不放弃。因为他全身心投入，所以员工也全身心投入。帕特森说："最后，有人想出一个主意，用普通塑料保鲜膜来阻止空气的外泄。我们试了，还真管用，信不信由你。"

帕特森公司恢复了正常生产计划，按时交付了油泵。公司不仅赚了大钱，保住了声誉，员工也保住了工作。㊀

人们追随是因为他们知道目标很重要

人们不会为微不足道且无关紧要的目标花费力气。他们工作努力，承担巨大风险，不让任何东西阻碍自己，只为实现各种伟大的目标。这就是为什么那些低估任务难度的人会犯错误的原因。最好准确地告诉人们，对他们的期望是什么，而不论形势有多严峻，或需要付出多大努力。当然，你必须让每个人，包括你自己，对自己实现目标过程中的行为负责，无论如何都要做出最大努力。这就是展现非凡执着的关键所在。

我说过，温斯顿·丘吉尔是我崇敬的一位英雄。在第二次世界大战最黑暗的时期，当英国独自担当对抗纳粹德国及其盟友的时候，丘吉尔就睿智地告诉他的国人："我没什么要付出的，只有鲜血、辛劳、眼泪和汗水。"㊁丘吉尔全身心地执着投入，英国人民也知道这一点。

后来，丘吉尔首相向议会发表了演讲。丘吉尔说："我们不会投降，也不会失败。我们将坚持到最后。我们要前往法国作战，我们要在海洋里作战，我们的信心与日俱增，我们的空中力量也日益增强，我们必将保住我们的岛屿，不管付出什么代价也在所不惜。我们要在海滩上作战，我们要在登陆场作战，我们要在田野和街道作战，我们要在山上作战。我们决不投降。"㊂

丘吉尔的公开演讲表明没有退缩或谈判的空间；强化了他的意图，坚决

㊀ Patterson, George K. Telephone conversations with the author, 4 and 11 April 1996.
㊁ HM Government. Hansard, 13 May 1940, https://bit.ly/2M1isZa, col. 1502.
㊂ HM Government. Hansard, 4 June 1940, https://bit.ly/2MahJFh, col. 796.

抵抗，不论结果如何。由于丘吉尔不同寻常的执着，英国人民团结起来了，满怀信心地面对未来和困难。希特勒则三思而行。他的信心动摇了，推迟了入侵英国的行动。正在这个时候，英国皇家空军抵挡住了德国空军的空袭，最终他完全放弃了入侵英国的计划。丘吉尔对于极端考验和危险的坚定执着，以及他的公开演讲展现了这一非同寻常的坚定决心，是战争胜利的关键之一。这是电影《至暗时刻》所传递的核心信息。

公开承诺，无法退缩，强化自己继续坚持的意图，而不论结果如何，这种做法肯定有用！这种做法适用于国家，也适用于企业。事实上，它适用于任何组织，对你本人也会有用。展现非凡的执着就是证明目标非常重要，值得为实现这个目标而付出巨大牺牲。

他人追随你是因为他们知道你不会半途而废

如果人们觉得你只是暂时执着，或者你可能在达到目标之前就半途而废，他们是绝不会追随你的。他们为什么要追随你呢？如果作为领导者，你不想方设法领导人们前进，人们为什么要投入时间、金钱、生命或财富在你这件事情上面呢？只有当人们相信，无论任务多么困难，无论途中会遇到什么艰难险阻，你都不会半途而废，只有在这个时候，他们才会追随你。

障碍在所难免。有人说："追梦路上总会遇见恶魔。"只有你非常执着时，追随者就知道他们投入的时间和努力就不会白费。他们知道你不会撒手走开，而会一直坚持，直到完成任务。的确，成功路上会有艰难险阻，但你的非凡执着精神会给每一个人信心，和你一起，他们能够也必将宝刀屠龙，取得胜利。

如果追随者相信目标很重要，并且你不会半途而废，那么要注意了：他们也会不惜一切地向你证明，会和你一样执着坚持，什么也阻挡不了他们，他们会与你一起奋斗，以达到目标或完成任务。

并不让人扫兴，但她的确让员工放弃了圣诞节

30 年前，《纽约时报》（*New York Times*）刊登了一则故事，报道了一位名叫格雷斯·帕斯蒂亚克（Grace Pastiak）的妇女让她的组织放弃了圣诞节的故事。⊖

格雷斯·帕斯蒂亚克是制造部总监，在伊利诺伊州莱尔（Lisle，Illinois）的泰乐通信（Tellabs）公司上班。泰乐公司的业务是设计、制造和销售昂贵的电信产品。她的部门签订了一份大合同。唯一的问题是，那个时候是圣诞季，而合同必须在年底前履行完成。似乎真的不可能了，但她决定不管怎样都要接下这份合同。这也许就是帕斯蒂亚克的公司获得该合同的原因之一。

格雷斯·帕斯蒂亚克对自己的公司感到非常自豪，因为公司总能胜任任何工作，并能成功完成。她的小组就是这样的。但现在，她面临着一个极其严峻的挑战。接受这份工作意味着必须在假期里离开家人。然而，这份合同非常重要，她不想拒绝。帕斯蒂亚克明白，她需要员工的全力支持。但她怎么才能得到他们的支持，让他们放弃圣诞假期呢？

帕斯蒂亚克做了一件她以前从没做过的事。她把全体员工召集到一起，当面把事情跟他们讲清楚。她告诉他们，这项工作必须在年底前完成。她告诉他们，这份合同非常重要，准备接下来。对此，她表现得非常有决心。但她还告诉他们，这需要大家放弃在圣诞节和新年与家人团聚的时间。他们最多可以参加宗教仪式，但也只可以这样了。她愿意并决定努力做好这个项目，但考虑到需要做出的牺牲，她需要他们帮助做出这个决定。当然还有其他的选择。她提出了好几个选项：公司可以签约在截止日期前只完成一半的订单；也可以请一些临时工或者转包部分工作给其他公司。她再次告诉他们，她想

⊖ Holusha, John. "Grace Pastiak's 'Web of Inclusion' <TNBS>". *New York Times*, 5 May 1991, https://nyti.ms/2M2cDLa.

要接下整个合同，并像以往一样按合同期限完成工作。这是他们需要做的选择。

无论如何，接受合同就要放弃假期，这需要非凡的执着精神。让员工来选择如何工作，表明这不是一份常规订单，而是非常重要的订单。员工们投票决定接受整个合同，不找临时工，也不外包工作。当然合同在假期内完成得毫不费力。难怪不论下属还是上级都称她为"了不起的格雷斯"。[⊖]帕斯蒂亚克在工作中显然承担了风险。不过德鲁克发现，商业的每一次成功都包含着必要的风险。

冒险是成功的必要条件

德鲁克发现，商业的每一次成功都需要承担某种风险。如果有什么事情不涉及任何风险，就很可能是有问题的。

1939 年，芝加哥的一位小商人 W. 克莱门特·斯通（W. Clement Stone）经历了重大风险。他有一家保险经纪公司，聘请了几位保险推销员为他在全美各地推销保险。他生活过得不错，公司每年都在壮大。然而销售员签下的多数保单都是同一家公司——新泽西州的纽瓦克商业伤亡保险公司（Commercial Casualty Company of Newark，New Jersey）的，卖的是意外伤害保险。

斯通的运营很独特，作为一家小企业的老板，他不仅经营公司，还花大量时间挑选、培训和激励销售人员。销售人员也很能干，他们卖出的保险比这家大保险公司的销售人员卖出的多得多。

一天，斯通和家人在迈阿密海滩度假，他接到了秘书的电话，语气很是着急。商业伤亡保险公司的一名销售员抱怨斯通在得克萨斯州的一名销售员

[⊖] Glaser, Connie and Barbara Steinberg Smalley. *Swim with the Dolphins: How Women Can Succeed in Corporate America on Their Own Terms* (New York: Warner Books, 1995), 12-17.

抢走了他的生意。他的秘书解释说，商业保险公司的首席执行官已经打电话来确认，从下星期开始，斯通的公司不得继续出售他们公司的任何保险单。

可以想象，在大萧条时期，这种信息在整个组织内部的传播速度会有多快。销售人员可能不知道该怎么做。没有产品可卖，有几位销售人员甚至当时就想辞职，其他人则想知道斯通会如何逐步退出该项业务，以及他们什么时候可以开始找新的工作。

斯通立即坐飞机去这家大保险公司的总部，协商延长其销售商业意外险的时间。毫无疑问，该公司的首席执行官对斯通飞到新泽西的执着精神留下了深刻印象。记住，这是在1939年，坐飞机太贵了，这并不是商务旅客首选的出行方式。

斯通回到芝加哥之后，他带给销售人员的信息就表现出了他的非凡的执着精神。他带给大家的是不可思议的消息，而这个消息拯救了公司。

在此之前，斯通的销售人员只为真正的保险公司推销保险。斯通认为销售保险业务本身已经足够复杂了。政府管理保险业务的法律法规非常复杂，而斯通只受过中学教育，要成为一家真正的保险公司和实际承保人，而不是一家只承担保险推销业务的保险代理机构，对于他是不可想象的。他甚至不知道从哪里开始。这会很难，需要克服很多问题。他甚至想象不出所有的问题。他必须保留一定的现金储备。至于金额是多少，他不知道。当钱到期时，他必须还清账目。他还不得不处理欺诈性索赔事件。他不时地会被起诉，这是生意的一部分！他还必须起诉他人。但斯通决定跳出框框思考问题，并保持执着，说到做到。

他告诉他的销售人员："我们不会逐步退出市场。我准备自己开保险公司，你们每个人都能找到自己的位置。"

斯通创立了新公司，并称之为美国联合保险公司（Combined Insurance Company of America）。后来，他又创办了怡安集团（AON Corporation），开展保险业务和其他业务服务。怡安集团年销售额达到60亿美元，拥有员工2.7万人。[1]

面对困难形势，斯通表现出非凡的执着精神和跳出框框的思考方法，留住了销售队伍，保住了自己的公司。由于不能继续销售别人的保险，他就自己开保险公司，销售自己的产品。

执着意味着承担风险

当然，执着意味着承担风险。有些领导害怕展现非凡执着，就是因为这一点。坦率地讲，有些人害怕展现任何执着精神。然而风险是生活的一部分。愿意接受风险是作为领导者责任的一部分。接受风险是明确体现非凡执着的一个办法。

对于应对必要的风险，德鲁克有什么建议呢？他认为，要分析形势并善于提出问题，如可能发生的最糟糕的情形会是怎样的？知道可能发生的最坏情形时，你就能决定是不是值得冒险。如果是，那就接受风险，并开始行动。

让人吃惊的是，你一旦接受了可能发生的最坏情形，觉得值得为目标冒险，那么接受该风险的难度就降低很多。你就不难做出承诺，并表现出非凡的执着。

如果你不全力以赴，坚持到底，你永远不知道自己能做什么。众多历经困难取得成功的人士之所以能够这样，是因为他们展现出非同寻常的执着，努力完成各种不可能的任务，于是创造了非凡成果。我所举例子中的人做到了，德鲁克做到了，你也能做到！

---

[1] Hill, Napoleon and W. Clement Stone. *Success Through a Positive Mental Attitude* (Chicago: Nightingales-Conant, 1988), Tape 3.

第 9 章

期望成功的重要性及成功之道

PETER DRUCKER'S WAY TO
THE TOP

只有少数人能取得突出成就,而多数人只希望取得一定的成就。
——彼得·德鲁克

的确，期望积极的结果并一定能如期实现，因为有些情况你可能无法控制。同样，如果不期望积极的结果，就可能无法达成。因此，期望积极的结果并不总能带来成功，但如果不期望积极的结果，就更可能会导致失败。并不是每次努力都要实现非同凡响的成就。你仍可以达到顶峰。但你的确需要不断成功，才能登上顶峰，而这是我们都力所能及的。

2000多年前希腊将军对积极结果的期望带给我们的启示

60多年前，德鲁克建议读者去看他的《管理的实践》中提到的"领导力领域第一本系统专著"。⊖德鲁克所援引的这本著作是希腊将军色诺芬的《赛鲁士的教育》（Kyropaidaia）。有人将其标题翻译成《居鲁士的教育》（The Education of Cyrus the Great）。⊜色诺芬是雅典将军，公元前401年到公元前400年间，他曾率领10 000多名希腊士兵从波斯内陆撤退到1 000多英里外的希腊黑海殖民地特拉布宗（Trapezus）。在撤退途中，他们所面对的敌人在数量上占压倒性优势，并且他们还不断被敌对部落骚扰，整个行程长达5个月之久。色诺芬是战功卓著、成就斐然的将军，还是一位著名作家。

发生在色诺芬身上的冒险经历生动地体现了他如何成为将领，并带领10 000多名希腊士兵脱离险境的。小居鲁士（Cyrus the Younger），波斯大帝居鲁士（Cyrus the Great of Persia）的儿子，招募希腊军作为雇佣军，希望能帮助他推翻自己的兄弟波斯王阿尔塔薛西斯（Artaxerxes）的统治。在库

⊖ Drucker, Peter F. *The Practice of Management* (New York: Harper & Row, 1955), 194.
⊜ Grant, Michael. *Readings in the Classical Historians* (New York: Charles Scribner's Sons, 1992), 101.

那克萨战役（Battle of Cunaxa）中，他们对抗的人数远超过自己的军队，并且取得了胜利。然而，小居鲁士却战死了。即便如此，希腊将军克里尔库斯（Clearchus），作为军中的二号人物，改变了战术，向波斯军队右翼发动攻击，击败阿尔塔薛西斯的军队，赢得了战斗的胜利，尽管他的指挥官，那位挑战自己兄弟的，也就是挑战波斯王位的小居鲁士已经死了。

但自从波斯王座的觊觎者小居鲁士死了以后，他手下军队的获胜就失去了任何意义。事实上，小居鲁士生前领导的军队中的波斯人已经被丢弃给了阿尔塔薛西斯。

阿尔塔薛西斯告诉希腊人，小居鲁士死了，他们没有理由继续战斗。为了统一两派，他愿意选择"既往不咎"和"相互宽容"。他提出了让希腊雇佣军能够接受的停战协议。阿尔塔薛西斯告诉雇佣军，他们可以撤回自己的国家，没有任何人会阻挠他们。为了庆祝休战，他邀请希腊将军参加一个盛大的宴会，在参会时都要卸下武器。他控制住这些手无寸铁的将军，并将其包围起来杀掉。自特洛伊战争以来，木马悲剧就一直警醒着他们，要提防希腊人带来的"礼物"！或者在这种情况下，是波斯人。我想在任何情况下，无论对方是何种族，都至少应该保持谨慎。

无论如何，阿尔塔薛西斯随后向希腊军队的下级军官递出了停战协议。

色诺芬当时还年轻，在军中任参谋。在希腊将军被杀之后，他很明智地不再相信阿尔塔薛西斯了。他把幸存的军官聚集起来，并劝说他们，如果和将军一样接受这份停战协议，留给他们的也可能是死路一条。

他说服这些军官选出新的将领，色诺芬是当选者之一。有些希腊军官希望与阿尔塔薛西斯达成某种协议，而新当选的将领对此犹豫不决，原因是他们认为，在这个到处充满敌意的国家进行长距离行军根本不可能，更别提与那些数量上占优势的波斯军队对抗了。这些刚刚战败的波斯军队一直都在寻找复仇机会。

色诺芬在军中享有威信，他说服了希腊军官不要相信阿尔塔薛西斯的谎言。他把所有军官召集起来，告诉他们："所有的士兵都在盯着你们，如果让他们看到你们垂头丧气的样子，士兵们就会成为懦夫；如果我们自己坚定明确，准备迎接敌人，如果我们呼吁其他人尽职尽责，那么你可以肯定，他们会跟着你，努力向你看齐。"⊖ 由此，你可以明白，为什么德鲁克喜欢色诺芬做领导者。色诺芬期望积极的结果。通过确立积极的期望，他说服军官和士兵返回家园，尽管他们失去了最有经验、最可靠的将军，尽管在他们在数量上远远不如敌人，尽管在他们前方有数百英里的艰险旅程等着他们去跨越，尽管他们没吃没喝。色诺芬期望着积极的结果，他的 10 000 多名追随者也和他一样期望积极的结果。他们逃离了阿尔塔薛西斯的堵截，跟随色诺芬完成了人类历史上最令人惊叹的长途行军。尽管经历了无数的战斗和艰辛，他们还是成功地完成了旅程。这也难怪德鲁克要我们关注色诺芬的故事，因为在他的事迹里蕴含了如何在商业活动中获得领导力的重要启示。不用担心，你也可以学习成为色诺芬。

学习期望积极的结果

比尔·盖茨也许是当今世界最富有的人。盖茨满怀希望地创立了自己的第一家公司——特拉弗数据（Traf-O-Data）。公司的业务是处理并分析交通磁带的数据。不幸的是，处理过程出现瑕疵，公司以破产告终。但盖茨并没让失败困住，仅仅在几年之后，他就创立了声名赫赫的微软公司。他渴望微软能够成功。尽管过去经营特拉弗数据公司时遭受过重大失败，但在微软公司，他成功了。

⊖ Xenophon. *The Persian Expedition*, translated by Rex Warner (Baltimore, MD: Penguin Books, 1949), 104.

如何培养期待积极结果的素质

以下五种方法能够帮助你培养期待积极结果的素质：

- 树立自信。
- 成为积极的思考者。
- 想象要实现的结果。
- 做自己，不要假装做别人。
- 保持热情。

树立自信

很少有人一出生就会实现伟大目标。我们都是从婴儿开始完成一些诸如学会走路、讲话，之后再学会看书、写字和思辨等一件件小事。但这些真的只是小事吗？回想一下，当开始学习做其中任何一件事情的时候，你可能并不觉得是一件小事。事实上，我们做这些小事时都是先从更细微的事情开始的，然后慢慢增加每件小事的难度，直到我们能够完成一件系统的事情，这就像我们要先学会翻身和站立，才能为实实在在地走路做好准备。

如今，你不用考虑自己起身时，要先迈这条腿，再迈另一条腿了，而是直接迈步就走。当你看到这些句子时，如果不是初学语言文字，毫无疑问，你能理解所看到的一切。你自然会期待积极的结果。

面对日益复杂、挑战难度不断升级的任务和项目时，很多成年人会仅仅因为一两个原因就放弃对成功的期待。原因要么是他们过去开展类似任务或项目时遭受了失败，要么是他们从一开始就没有尽全力去实现目标。另外，没有努力尝试过的人通常也不会去尝试，这是因为他们觉得即使做了也会失败。在第 13 章中，你将学习到更多培养自信的方法。但现在你可以开始学习成为一个积极的思考者。

成为积极的思考者

你可以选择积极思考或消极思考。多数消极领导者并不期待积极的结果。相反，他们经常想着可能发生的最糟糕的事情，结果也都会如他所愿。我不知道这是不是某种黑暗魔法，或是自应验的噩梦，还是其他什么。这不重要。事实就是：我们想要什么，通常就能得到什么，无论是好是坏。并不是说，德鲁克建议你不顾实际情况，成为一厢情愿的空想者或是尽想好事。根本不是这样。你可以是目光坚定的现实主义者，当然这不应该阻碍你进行积极的思考，而应该能帮助你期待取得成功。

积极思考者会关注重要的东西（想要的东西、目标、任务等），而不是他们不想要的（想要避开的一切）。为此，他们首先会扪心自问："可能发生的最坏情况是什么？"然后，他们会接受（万一）事情不顺而引发的后果。接下来，他们会采取行动以完成需要完成的一切任务。

你是不是觉得，那些已经考虑到最坏结果，接受最坏结果，甚至已为此做好下一步打算的人不会那么担惊受怕，反而会更加积极地思考？的确如此！难怪这些人总会期待成功。

科林·鲍威尔将军克服困难取得成功的故事

我所认识的最会积极思考的人当属科林·鲍威尔（Colin Powell），美国参谋长联席会议前主席，美国军队里军衔最高的将领。1993 年 3 月，我认识了鲍威尔将军，他当时还没有从参谋长联席会议主席的职位上退休。他那时在

《洛杉矶时报》管理学会议上发表过演讲。我受邀请在该时报为管理者开设的内部通讯上撰写一篇领导力方面的文章。碰巧的是，我的文章预定刊发后不久，鲍威尔就被安排在时报的管理层会议上发言。时任《洛杉矶时报》发行人兼首席执行官的戴维·拉文索尔（David Laventhol）和担任此次会议主席的芝加哥大学商学院毕业生迪克森·路易（Dickson Louie）邀请我出席会议，并与鲍威尔见面。我倍感荣幸，欣然接受了邀请。

鲍威尔积极乐观，充满活力，尽管这是他当天的第三个演讲，并且这三次演讲在美国相距数百英里的不同城市举行。第一场在得克萨斯州，第二场在旧金山。现在是洛杉矶时间下午三点，这是他的第三个演讲。城市之间相隔数百英里，鲍威尔却没有表现出一丝疲惫。他仍渴望上台演讲。

众所周知，此时的鲍威尔面临一些难缠的质询。比尔·克林顿（Bill Clinton）总统当选前就军队中的同性恋问题做出过承诺。有谣传是鲍威尔说服总统采取妥协的立场。这件事发生在"9·11"事件之前，当然还有其他问题。为什么军队的预算不能削减得更多更快？国民警卫队的未来会是什么样？很多人对陆军中的国民警卫队在最近导致萨达姆·侯赛因（Saddam Hussein）失败的海湾战争中受到的待遇感到不满。鲍威尔在敌营中心面对着媒体。大家能想见，这将是他的艰难时刻。

然而，事实并非如大家所想。鲍威尔积极乐观，从一开始就控制了局面。首席执行官拉文索尔很详细地介绍了他。在拉文索尔颂扬鲍威尔的时候，他还透露，在进入新闻行业以前，拉文索尔也曾是美国陆军的一名列兵。鲍威尔走上讲台，感谢拉文索尔热情大方的介绍。紧接着，他眨着眼睛补充道："列兵，你做的介绍很不错。"

鲍威尔的演讲非常成功。他的积极思考方式赢得了在场所有300位左右高级管理人员的支持，尽管当时他还得回答一些棘手的问题。

鲍威尔是美国军队中级别最高的军官。然而他出身卑微，在纽约南布朗克斯区长大。他的父母都是工薪阶层移民,两人只有一位是高中毕业。尽管面对竞争和偏见,鲍威尔还是在纽约城市大学(City College of New York)完成了学业。那时,少数族裔学生入学没有特别的优惠,这一点优惠其实对作为非裔美国人的鲍威尔来说非常重要。最后,他通过了纽约城市大学后备军官训练队(Reserve Officers Training Corps,ROTC)的考核,在陆军中获得了一个固定职务。他的成功并非像有些人说的那样,是从平权行动中获得的。这是科林·鲍威尔式的成功故事,正如德鲁克所建议的那样,他期待成功。

鲍威尔在一步步晋升的过程中,不断遇到真实、活生生的固执和偏见。没有定额选拔制度帮助他。他的成功也不是因为自己是少数族裔,而是靠他自己的能力。鲍威尔凭借十足的勇气、非凡的积极态度、自己的优势和能力,登上了美国武装部队的最高位置。他是一位积极的思考者,跟随他的人也都成了积极思考者。他凭借积极思考所达到的顶峰,就是在他担任参谋长联席会议主席期间,领导美国武装部队取得了沙漠风暴行动的胜利。这次行动是美国自二战以来最成功的一次重大军事行动。

在担任参谋长联席会议主席期间,鲍威尔将军还为贫民窟的孩子们发表演讲。由于他不可能接触到每一个人,他专门制作了 10 000 张录像带,派送到美国各地的中学。

这是鲍威尔将军对孩子们讲的话:"只要你愿意下定决心去做,只要你愿意抛开萦绕心头的各种负面影响,只要你相信自己,只要你能坚定执着,只要你相信这个国家,只要你勇往直前,就没有什么是不可能实现的。不要因为你是西班牙裔,或者是黑人,或者是其他任何族裔的问题妨碍自己的进步。只管奋斗吧。我做到了,你也能做到。别去寻找什么灵丹妙药,别去寻找'自己准备追随的榜样'。做自己的榜样,相信自己。"⊖

⊖ Powell, Colin L. "Address to Los *Angeles Times* Management Conference", 19 March 1993.

想象自己所要的结果

想要学会期待积极的结果，首先应看见大脑中所形成的结果。心理学家称之为内心演练（mental rehearsal）或心理可视化（mental visualization），该做法的效果真的很棒。心理可视化在非常放松的状态似乎能达到最好的效果。我见识过，也参与过多次实验，这些实验证明了心理可视化的强大力量。

我的妻子是临床心理医生，我自己在研究生阶段自学过心理学。因此，我参加过几次与催眠有关的研讨会，多数时候是和我妻子一起参加的。在催眠状态下，被催眠的对象极度放松，愿意接受各种暗示。在这种状态下的一个步骤，就是让被催眠者想象自己身处一片柠檬树林之中，摘下一颗柠檬，把它切成两半，挤一点柠檬汁到嘴里，品尝柠檬的味道。

令人惊奇的是，当你这样做的时候，嘴唇总是会抿起，因为你想象的是嘴里有又酸又甜的柠檬汁的味道。有种解释认为，所有的催眠其实是自我催眠，不管怎样，沉浸于自身是非常容易的。其实如果你想到柠檬汁，发现自己在抿嘴，这个时候你已经实现了自我催眠！

还有更有趣的事。当处于催眠状态时，被催眠者接受一些可视化技巧之后，被告知把一块冰块敷到裸露皮肤上会红得发烫！信不信由你，被催眠者的皮肤上真的会起水泡！

但是，关于心理可视化和自我催眠的力量，尤其是关于期待积极结果的作用方面，我听过最为神奇的故事是来自一位名叫查尔斯·加菲尔德（Charles Garfield）的心理学家。我第一次了解加菲尔德是根据《华尔街日报》1982年1月发表的一篇文章。这篇文章指出，通过可视化技术和把积极的结果可视化，加菲尔德能够显著提升高管的演讲能力。后来，加菲尔德写了一本名为《顶尖高手》（*Peak Performers*）的书，书中记录了下面这件事。

在意大利米兰召开的巅峰绩效会议上，加菲尔德遇到了几位俄罗斯科学家，他们已经开始讨论自己当前的工作了。得知加菲尔德是一名业余举重运动员后，他们邀请他参加一个实验。他们了解到加菲尔德的卧推杠铃重量能达到280磅。他们问他觉得自己最多能举起多少重量。加菲尔德说300磅。在旁人的鼓励下，重量逐渐增加，最后真的达到了300磅。他没说错，他真的举起了300磅。然而，加菲尔德说，这次举重很难，需要用出全部力量并高度集中自己的注意力。

接着，俄罗斯科学家把加菲尔德引到一种非常放松的催眠状态之中，带他进行一系列可视化训练，持续了大约一个小时。训练过程中，他想象自己的卧推重量不止300磅，而是365磅，这对加菲尔德来说似乎完全不可能。但是，经过准备，他开始了，他不仅举起了这个重量，甚至还觉得举起365磅比举起300磅更加轻松！⊖

运用可视化方法期待实现积极结果很简单。坐在椅子上或者其他任何可以让你放松的地方，只要简单地想象你的目标，具体到每一个细节。如果目标是发表演讲，就想象自己正站在台上等待别人的介绍。听听别人为你做的介绍。讲台上有没有鲜花？闻闻它们的香味。是不是有服务员供应咖啡？听听他们在房间里走来走去所发出的声音。闻闻咖啡的香气。想象自己抿一口咖啡，细细品味的感觉。尽量调动五种感官，帮助自己尽可能地在脑海中想象出真实的细节。

如果你准备演讲，在脑海里想象自己被叫到名字进行演讲时的观众掌声，想象自己正看着前方的观众，想象听众脸上露出的渴望和期待的表情。现在，想象自己的演讲，注意观众入迷的神情。注意自己要与观众建立联系，观察他们对你的发言所做出的回应，以及他们仔细倾听每个字的样子。现在，想象自己做出了很好的总结，并看到观众跳了起来，热情地站着为你喝彩。

做完一次之后，你可以再把整个过程重复一遍。如果项目在几天后开始，

⊖ Garfield, Charles. *Peak Performers* (New York: Avon, 1986), 71-75.

我建议每天都重复几次。真正实施的前一天晚上，你可以重复该流程十几遍或更多。你会通过可视化练习，期待成功，而且你会对自己的陈述带来的完美成果感到非常惊喜。

做自己：不要假装做别人

你不可能成为别人，你只能是你自己！我们都只能做自己。我们各不相同，但都有成功的潜力。

1977 年，亚瑟·L.威廉姆斯（A. L. Williams）是乔治亚州一所中学年薪1.8万美元的橄榄球教练。这一年，他凭借一个全新概念创建了一家人寿保险公司。多数保险公司往往出售常规的人寿保险，从而将其销售额最大化。威廉姆斯指出，人们可以花更少的钱购买定期人寿保险，从而得到更多保障。如果把两者差价用来投资，他们还能赚得更多。显然，他的竞争者不以为然。

威廉姆斯没有工商管理硕士学位（MBA），也没有经营企业的经验。然而，不到 10 年，他的公司就成为全世界同类型企业中的佼佼者，旗下个人人寿保险业务价值超过 810 亿美元。他把自己的经历写成了一本书，名为《一切你能做的就是你能做到一切，但能做到一切就够了》（*All You Can Do Is All You Can Do, but All You Can Do is Enough*）。⊖ 威廉姆斯想用这个书名告诉我们：我们认为自身所存在的局限性其实不值一提。如果期待成功和致富能让你得到想要的，也就够了。

太多的人想要努力成为别人。他们可能很善良，很体贴，但又害怕表现出这些品质。他们可能在某个地方读过推行严格管理方式的管理类书籍，于

⊖ Williams, A.L. *All You Can Do Is All You Can Do, but All You Can Do Is Enough!* (Nashville, TN: Oliver-Nelson, 1988).

是想要变成严格的管理人员。也许他们可能听说当今的领导者应提倡参与式的管理风格，便努力争取成为参与式领导者，即使这种做法并不合时宜。也许他们尽力表现得过于热情，本质上他们却相当保守。

有位高级副总裁给我讲了一个故事。当时全面质量（Total Quality，TQ）管理是最新的管理时尚，风靡一时。"我们聘请了一个团队来教我们进行全面质量管理。他们把所有高层和中层管理人员都召集在一起，进行了四天的培训。他们告诉我们，要更加开放，彼此直呼其名。他们让我们戴着大大的名牌，写着'鲍勃'（Bob）、'比尔'（Bill）和'乔'（Joe）。而这从来都不是我们公司的风格，当然也不是老板的风格。然后让我们花三天时间制订一个战略方案。这是我人生中最糟糕的经历之一，我想其他人大概也是这样认为的，包括我们的中层管理人员。我们还得叫董事长为'鲍勃'。太可怕了。我从未感到自己和公司高层的关系如此紧张过。我们提出了一个方案，但都知道这个方案非常糟糕。很幸运，'鲍勃'也认识到了这一点。我们放弃了这个计划，并在大约四个月后又重新走了一遍流程。这一次，我们变得真实了，做回了自己。差别真的很大！会议变得更加开放，紧张气氛也消失了！"

并不是直呼高管的名字有多么糟糕。在很多组织里，这种做法就不错。德鲁克也曾跟自己的研究生说："叫我彼得。"我们也这么做了。在组织中做不正常的事情才会有问题。

我曾在两所不同的学校教过同一批研究生。其中一所是克莱蒙特研究生学院。在那里，大家对教授直呼其名。另一所是加利福尼亚州立大学洛杉矶分校。在那里，人们总是用老师的博士或教授头衔称呼他们。我的学生曾问过我："我该怎么称呼您呢？是科恩博士（Dr Cohen）还是比尔（Bill）？"我回答说，"这很简单。你在加利福尼亚州立大学洛杉矶分校时，叫我科恩博士。在克莱蒙特，就叫我比尔。"我们就是这么做的，效果不错。

保持热情

拉尔夫·沃尔多·爱默生（Ralph Waldo Emerson）曾说过："没有热情就不可能取得伟大成就。"㊀德鲁克相信，抵达巅峰需要投入更多的情感。他认为，每个对自己的结果和持续学习负责任的人不仅要有热情，还要有激情。㊁当然，你需要亲身实践才行。

我可以向你保证一件事：如果你没有热情，其他人也不会有。这是事实。你不可能指望别人热情地去接受一个连你自己都没有热情接受的挑战。

㊀ Emerson, Ralph Waldo. "Essay X: Circles". *Essays* [First Series] (Boston, MA: J. Monro and Co., 1841), https://bit.ly/2KumoNc.

㊁ "The Passion Puzzle". *Drucker Institute*, 27 September 2013, https://bit.ly/2KuCh6b.

10

第 10 章

照顾好自己人

PETER DRUCKER'S WAY TO
THE TOP

我们所谓的管理,很大程度上是让人们难以工作。应该像志愿者那样对待每一位员工,因为在当今知识工作者的世界里,他们就是志愿者。

——彼得·德鲁克

在第一次写作讨论照顾好自己人的重要性，将其作为八大领导力普遍准则中的一项时，我所考虑的只有员工或下属。事实上，我引用了德鲁克的话，他经常称赞色诺芬的作品为"2000年前所著的第一本系统讨论领导力的书，并且时至今日仍是最好的"。色诺芬是第一个写下这样话的人："人们只乐意服从他们相信在考虑其利益方面比他们自己更睿智的人。"

后来，我拓展了照顾好自己人的概念，不仅包括下属员工，还包括客户。认识到照顾好自己人还是一个成功准则时，我再一次扩充了其内涵，把职业生涯中遇见的任何人都包括了进来。成功总得仰赖他人，如果真想成功，你就需要照顾好这些人。

照顾好自己人应做到什么程度

照顾好自己人应做到什么程度呢？幸运的是，多数平民职业中通常不需要有人牺牲自己的生命去照顾其他人。有些职业，如警察、消防员以及其他人员，则有可能需要这么做。但千万不要错以为，你越关心其他人的需求，他们在你通往成功巅峰的路上给你的帮助就会越多。当然，这并不是说你要帮他人做些不道德或非法的事情，或在帮助他人时要违背自己的信仰或标准。特朗普总统上台的多年前，我的一位朋友，当时是华盛顿的一名政治任命公职人员，他曾告诉过我，为什么某位参议员会反对并投了反对票，最终阻止了自己所在政党的候选人成为国防部长。我朋友说，该候选人几年前曾公开

⊖ Drucker, Peter F. *The Practice of Management* (New York: Harper & Row, 1955), 194.

攻击这位参议员，仅仅是因为个人观点的分歧。这位候选人的错误并不算特别严重，但在这位参议员看来，他现在可以报复了。如果人人都能像耶稣建议的那样，在未受尊重或受到不公平对待时，仍能包容他人，那就太好了。但这种情形不太可能发生。你可能不喜欢某个人，但你仍需公平诚实地对待他们，尊重他们。

这真的会发生吗

IBM 的创始人托马斯·沃森（Thomas Watson）后来为其员工建立了全面的教育、医疗和娱乐项目。据说他一直以来都会亲自视察工厂，花数小时与员工交谈。有一次，他对一位员工讲："有任何困难，请一定告诉我。"后来，这名员工来到纽约，要求见沃森。在被领进办公室后，他告诉沃森，自己的弟弟得了不治之症，不久于人世。他想起了沃森做过的承诺，就来问他，除了让弟弟接受社区医院的治疗之外，还能做些什么。沃森将这位弟弟安排进了一家顶级医院，让一位著名专家给他看病。这时，该员工感到一丝内疚，也许自己对沃森的请求越界了，便向他道歉。而沃森打断了他的话："我说有困难就来找我，我是真心实意的。"[一]

想要照顾好自己人，就要做好这些

通常，由于职责所限，人们不会要求你像沃森那样照顾好自己人。这种想法是对的。而如果你想成为德鲁克这样的顶尖人物，我有以下建议：

- 成为人们遇到问题时能够求助的人。

[一] Hay, Peter. *The Book of Business Anecdotes* (New York: Facts on File, 1988), 168.

- 优先考虑他人的需求。
- 做到真正关心他人。
- 承担责任。
- 分享收获。

成为人们遇到问题时能够求助的人

是不是你的责任,这无关紧要。当然,如果是你的责任,就更重要了。遇到紧要关头和艰难时局,人们总会真正关注你所做一切。你是真心帮助自己人,还是仅仅为了作秀?

福伊尔施泰因先生坎坷的生日

年龄或其他因素和是否照顾好自己人没多大关系。无论情况有多糟,你都可以选择照顾好自己人,也可以选择不这么做。马萨诸塞州劳伦斯市一位名叫阿龙·福伊尔施泰因(Aaron Feuerstein)的人做到了,而当时的情形相当糟糕。1995年12月11日晚,福伊尔施泰因正在庆祝自己70岁生日,他的工厂,莫尔登纺织厂(Malden Mills),遭遇重大火灾,被严重烧毁。

莫尔登纺织厂是由9幢大楼组成的综合体,雇用了2 400名半熟练工人,他们中的多数是移民。公司生产家居衬垫料及合成冬装面料,是当地最大的雇主之一。福伊尔施泰因的祖父,一位来自东欧的犹太移民,在1906年创办了这家工厂。早先,福伊尔施泰因的莫尔登纺织厂遭遇过一些问题。20世纪80年代早期,他努力工作,让公司摆脱了按公司章程第11章规定本应进行的重组,挽救了公司。他因照顾自己的员工并支付了被认为是纺织行业最高的薪水而声名在外。火灾发生之前，公司的生产率提高了 3 倍。

火灾造成的损失惨重。公司的 3 个锅炉，有 1 个发生了爆炸，大楼里面是生产椅子和其他家具用的尼龙天鹅绒材料。爆炸不仅彻底摧毁了这幢大楼，还有 3 幢大楼被夷为平地。爆炸还造成 33 名工人受伤，其中 13 人伤势严重。几乎一半员工无事可做。

当更大、更富有、财力更雄厚的公司的首席执行官纷纷解雇员工，以削减成本、提高利润时，福伊尔施泰因承诺，在重建完成之前，尽管有很多工人都没事可做，但他依旧会为员工支付薪水，提供医疗福利。仅支付工资一项，每周就要花费 150 万美元。他甚至还按照先前的承诺，支付每位员工 275 美元的节日奖金。他没有拿着保险赔偿金跑路，而是立誓要原地重建工厂。

很多精于算计的大公司经理都说，福伊尔施泰因应将保险金揣进自己口袋，即使不打算退休或拿钱跑路，也应在劳动力成本更低的南方或国外重建工厂，这才是明智的商业决策。我不敢肯定，但我知道这会是个糟糕的领导决策。福伊尔施泰因表示赞同："为什么我要冒着可能失去现有优势（即卓越的产品质量）的风险，去泰国建厂，而只是为了降低成本？"

但福伊尔施泰因是个精明的商人，大家都没那么容易相信。差不多同一时期，在斯科特造纸公司（Scott Paper）陷入困境时，邓拉普（Al Dunlap）解雇了 1/3 的员工。在一个围绕此事展开的讨论中，福伊尔施泰因曾说："如果公司 1/3 的员工都是多余的，那么邓拉普的做法是对的。因技术进步或良好工程设计的结果而裁员不是合法的吗？当然是的。我赞成这一做法，并且我们也一直都在做……我们努力这么做，是要把人们的痛苦降到最小，裁员也是不得已而为之的事情。"但福伊尔施泰因还说，关键就在于这么做"不能摧毁员工的精神"。如果你所追求的只是降低成本，如果你"只是有一个裁员计划——这种事是人们所憎恨的，永远不能获得原谅"。⊖

⊖ Teal, Thomas. "Not a Fool, Not a Saint". *Fortune*, 11 November 1996. https://bit.ly/2AL63Eh.

福伊尔施泰因在麻省理工学院演讲时说："在 4 个月内，我们让 85% 的员工回来了。要不是保险公司付款缓慢，我们能让全部员工回来。"起初，公司重建速度惊人。福伊尔施泰因举了个例子，"第 4 个工厂在火灾之前，每星期的产量从没超过 13 万码⊖，如今却超过了 20 万码"。⊖这种事情总有个美好的结局该多好，可现实并非如此。尽管莫尔登纺织厂恢复了生产，但只是暂时的。2001 年，福伊尔施泰因不得不宣告破产，并最终卖掉公司。一家新成立的公司波拉泰克（Polartec LCC）在 2007 年收购了他的资产。这家公司在后来还被《时代》（Time）杂志誉为合成羊毛的发明者。

福伊尔施泰因的行为并没有导致公司的破产，我们都面临健康和年龄的挑战，这可能是促成他后来的商业和个人决定的原因。然而重要的是，福伊尔施泰因在出现问题时，在他有能力的时候，照顾好了自己的员工。毫无疑问，他的故事和人造羊毛都是他留下的遗产。德鲁克知道，无论我们是否百分之百成功，我们的这种遗产都会对后来者产生重要的影响。

优先考虑他人的需求意味着什么

戴夫·惠特莫尔（Dave Whitmore）是我在西点军校的同学，也是我在飞行学校的飞行伙伴。空军退役后，他进入了 IBM 公司，后来晋升为 IBM 营销经理，在纽约的一个新区为公用事业和电话公司提供服务。在惠特莫尔管辖范围内的两个最大的客户由两名最资深的营销团队主管负责。这些客户代表了一笔巨资，带来的压力也难以想象。任何一台电脑的故障都可能让惠特莫尔丢掉工作。

⊖ 1 码约 0.91 米。
⊖ Campbell, Kenneth D. " Malden Mills Owner Applies Religious Ethics to Business". *MIT News*, 16 April 1997, https://bit.ly/2AKmxwf.

有一天，惠特莫尔发现涉及他的两位营销团队资深主管的重大问题。两人都未曾做过人事工作。你可能会问，那又怎么样？这可能会严重影响他们在 IBM 的职业生涯。惠特莫尔被告知，如果两人在接下来的几个月内没有被分配到他所在组织以外的人事岗位工作，他们将永远不可能有晋升机会。很多大型组织都有鼓励最优秀员工升职的人事政策，让他们承担相应任务来确保其具有担任更高职位所需的合适经验。但有时候这些政策会适得其反，因为各种原因导致员工未能获得公司晋升所必须具备的经验。有时候，公司出现紧急状况，使员工错过调入合适岗位的机会。与有经验的竞争对手相比时，有些员工可能并非因个人原因而错过更高级别工作的机会。这就是弊端所在。如果没有某些人事工作经验，这两人都不可能晋升到更高的职位。但这两位主管才华横溢，工作勤奋，他们理应有机会获得更高的职位，只是时机很糟糕。

惠特莫尔首先与这两位团队主管进行沟通，向他们解释了情况。他们想做什么呢？两人都表示如果必要的话，他们也愿意留下来，但都明白自己需要获得必备的人事工作经验。如有可能，两人都希望自己未来能有晋升的机会。

但惠特莫尔当时缺乏工作经验，刚刚接手自己的新工作，也没有其他经验丰富的团队主管。如果让这两人去公司其他地方从事人事方面的工作，他就没有了帮手。但这是惠特莫尔的决定，并且他有责任照顾好自己人。

惠特莫尔的老板，分公司经理，劝他说："谁管他们是不是能当经理？你自己都火烧眉毛了。如果放他们走，你有可能在拿自己为之奋斗的一切冒险。如果搞砸了，我也不能保证你能不能成为分公司经理。送他们到人事岗位也许能帮到他们，但这可能会限制你未来在公司的晋升机会。"

惠特莫尔知道自己该做什么。他很快帮助两位团队主管获得了在 IBM 内部人事工作的岗位。两人接受工作并离开了他。

惠特莫尔后来怎么样了呢？他在失去这两位经验丰富的团队主管协助的情况下，干得还可以。后来由于工作上的成功，他获得了自己"梦想的工作"：驻布鲁塞尔的国际客户经理。从 IBM 退休时，他已被晋升为分公司经理，在沙特阿拉伯的部门担任该职务。⊖

避免裁员：表明你真正关心的可靠行动

明尼苏达州圣保罗市的明尼苏达矿务及制造业公司（Minnesota Mining and Manufacturing Company），也就是大家更熟悉的 3M 公司，价值约 140 亿美元。在 20 世纪 80 年代早期，公司不得不首次处理裁员的可能性。为了避免或者尽量减少裁员，公司领导层提出了一个叫作未分配清单的制度。

这个未分配工作清单允许那些自己没有过错而失去工作的雇员，6 个月之内在 3M 公司内部找到另一份工作，同时员工仍继续享受全额薪水和福利。在前 4 个月，他们可以选择接受未分配工作的离职补偿——上班每满一年享受一周半的工资，外加 6 个月的现金支付福利。年龄在 50 岁以上，但尚未达到退休年龄的员工，可以接受提前退休休假待遇，一直持续到退休为止。55 岁以上的员工享受特殊的过渡性社会保障。在公司内部未能找到岗位的人，3M 还提供广泛的帮助，让他们找到新工作。

人力资源部高级副总裁说，该计划都是因为有人认为这也有利于 3M 公司："我们是一家崇尚长期雇用的公司。长期的服务换来的是带薪员工离职率不到 3%。我们为此感到骄傲。" ⊜

这项照顾员工的方案带来了实际的成果。方案实施后，销售收入增长了

⊖ Whitmore, David. Interview with the author, 8 November 1997.
⊜ Anfuso, Dawn. "3M's Staffing Strategy Promotes Productivity and Pride". *Personnel Journal* 74 no. 2 (February 1995): 28-34. https://bit.ly/2ncDIx8.

11.7%，3M 公司在美国和国际业务两个部门的销售额和收益均创下了纪录。[○]

几年前，邮购巨头兰兹恩德公司（Lands'End, Inc.）陷入了困境。纸价翻番，同时由于邮费暴涨，服装需求大幅下降。结果，第三季度利润减少了 6 成，并仍在减少。顾问告诉当时的首席执行官，34 岁的迈克尔·J. 史密斯（Michael J. Smith），他应该考虑裁员以改善收支平衡。这应能提振股价，并取悦股东。

对史密斯来说，这是一个诚信问题。商业环境更为艰难时，只是为了让自己好看而解雇员工，这是不对的。

史密斯提高了福利。什么福利呢？他增加了收养援助服务和心理健康转诊福利。兼职员工享受全面健康保险福利。他拒绝解雇任何人。史密斯解释道："如果人们觉得受到压迫，他们就不会善待客户。"结果如何呢？出乎所有人的意料，第二年第一季度的利润比前一年增长了两倍以上，达到 440 万美元。销量增长 2.3%，公司股票价格上涨 85%。[○]

另一家通过共担痛苦来避免裁员的公司是纽柯钢铁公司（Nucor）。肯·艾弗森（Ken Iverson）是当时的首席执行官。纽柯在被称为衰落行业的钢铁制造业中一直拥有很高的利润率。当时，它的 7 000 名员工在钢铁行业中薪酬最高，但产出每吨钢铁的劳动力成本却是业内最低的。纽柯是《财富》500 强公司之一，但公司总部只有 24 人，从首席执行官到一线员工之间仅有四个管理阶层。纽科没有研发部，也没有工程部。但它却是"微型工厂"的首个主要运营商，也是首家证明微型工厂可以生产扁钢，首个应用薄刺套管的公司，这是"大钢铁公司"想做却做不到的事情，同时它也是首家商业化生产碳化铁的公司。

艾弗森在衰落时接管了公司，并将其打造成极为成功的巨头。他是怎么

○ DeSimone, L. D. *3M Annual Report*. 20 February 1997.

○ Chandler, Susan. "Lands' End Looks for Terra Firma". *BusinessWeek*, 8 July 1996, 128, 131.

做到的？形势变糟时所发生的事情可能会给我们一些启发。

当时很突然，公司情况急剧恶化，钢铁工人总数像落石一般从40万直线下降到20万。纽柯不得不将产量减半。艾弗森没有解雇任何人。他是如何避免其他钢铁公司都在做的事情的呢？各部门主管接受减薪，最高达40%。艾弗森和其他高管减薪60%以上。

这还不够。艾弗森把每周的工作时间从5天减少到4天，然后3天。这表明工人薪水平均减少25%。艾弗森说："你知道，这肯定是难过的。尽管如此，走过工厂和车间时，我从没听到有员工抱怨。一个也没有。"⊖这并不意外，因为工人完全清楚，他们的领导也在大幅减薪。

艾弗森知道，他必须做些什么来向员工表明自己是真正关心他们的。他说："我自己减薪75%，从45万美元减到11万美元。这是唯一的正确做法。"但艾弗森指出，没有什么是一成不变的。如果有必要裁员，他会这么做，但必须先尝试所有其他办法。艾弗森称之为"分担痛苦"。时局好，他们分享收益；时局不好，则高级管理层，上到总裁，都必须一起分担。艾弗森坚信这条成功法则，并认为责任先于个人利益，在危机时期，更应先于任何个人利益。⊜不足为奇，在艾弗森退休多年之后，他的传奇仍在继续，纽柯也被评为美国最大的钢铁生产商，⊜直到今天（2018年夏）我写下这些话时，依然如此，公司销售收入高达160亿美元，员工人数超过23 000人。⊕

如果真的关心，就用应有的方式对待员工

卡特扣公司（Cutco Corporation）是全球最优质厨房刀具的制造商和销售

⊖ Iverson, Ken, *Plain Talk: Lessons from a Business Maverick* (New York: John Wiley, 1998), 13.
⊜ Iverson, Ken. Telephone interview with the author, 30 October 1997.
⊜ "Nucor". *Wikipedia*, https://bit.ly/2swYyvv, accessed 20 July 2018.
⊕ Ibid.

商。这是首家制造出二战期间美国海军陆战队的官方用刀 KA-BAR 军刀的公司。如今公司在全球的销售额超过 2 亿美元。当埃里克·莱恩（Erick Laine）1982 年接任首席执行官时，公司销售额仅为 500 万美元。它在这个被欧洲古老知名品牌所主导的行业获得了 2 000% 的增长。莱恩成为阿尔卡斯（Alcas）（卡特扣公司的旧称）的首席执行官时，公司的制造业部门一团糟。在他成为老板之前的 9 年间，没有一份合同是不经罢工达成的！记录在案没有解决的投诉不少于 270 起！[1]

莱恩很强硬。他出生于芬兰，为人正直，他的父母还教会他一种品质。这种品质不易翻成英语，芬兰语是"sisu"，意思是一种与纯粹勇气结合在一起的倔强和坚持。他知道自己在做什么，并且不是一个容易受人摆布的人。但他真的很关心自己的员工，坚持公平地对待他们。

从很早开始，莱恩就本着开放的精神会见工会，并倾听他们的意见。工会正确，他就接受；当他认为对方错误百出时，他也愿意直接告诉他们。接下来，奇怪的事情发生了。这种开放、坦诚和以应有方式对待员工的意愿，形成了一种友爱精神。他们继续共同做事。随着时间的推移，他们建立起了一种非同寻常的信任，当遇到问题时，大家就一起解决。

你们的工会是不是每年都会把从员工那边收集到的钱作为礼物送给你们呢？在莱恩任期内的多数圣诞节，工会每年都自发开展这种特别行动。既不是强制的，也不是莱恩或他的经理建议或倡议的，都不是。这是工人和工会自发的选择。事情是这样的。工会领导者给莱恩打电话要求会面。会议上，工会代表送出一份礼物：他们收集的员工自愿捐出的钱。在其他地方听说过类似的事情吗？这笔钱总会被管理层用来购买能让员工受益的东西——餐厅的电视机或时钟等。[2]这种做法从莱恩担任总裁和首席执行官期间一直持续到

---

[1] "Cutco". *Wikipedia*, https://bit.ly/2M50oNK, accessed 20 July 2018.

[2] Laine, Erick. Telephone interview with the author, 22 December 1997.

他退休。

工人和工会为什么这么做呢？显然，他们可以直接收钱，自行出去买些东西。莱恩没有告诉我原因，但我相信，在这个非正式仪式上将这笔钱交给莱恩，是工会与管理层之间、公司领导与员工之间信任的象征。这很少见，而且前所未有。之所以会发生，是因为莱恩真正关心他的员工。

承担责任

每当事情进展顺利，IBM、3M、莫尔登纺织厂、卡特扣及其他公司的领导人都会把功劳归于员工。但出现问题时，他们会自己承担起责任。有时候，承担个人责任必须靠实际行动来体现。其他时候则要靠道德。这些组织的领导人都尽其所能照顾员工。这些都是组织的例子，但我肯定，如果开展调查，我们就会发现这些领导人会以同样的方式对待朋友，甚至他们素未谋面的人。这就是客户很少投诉这些公司，并常常最先推荐公司产品和服务给其他人的一个原因。曾经的员工可能也会这么做。这部分说明了人际关系在登上巅峰路上的重要作用。

你可以依靠这位银行家

马歇尔·卡特（Marshall Carter）是美国道富公司（State Street Corporation）的董事长兼首席执行官。道富公司是家银行（人们称其为道富银行），其实也不完全是银行，它是美国的一家全球性金融服务公司。公司成立于1792年，是美国历史第二悠久的金融机构，也是世界上最大的养老基金管理机构。该公司管理着约4万亿美元的财富。没错，就是以万亿计的。[一]

[一] "State Street Corporation". Wikipedia, https://bit.ly/2ptQ1G5, accessed 20 July 2018.

卡特接手道富银行时面临不少严峻的挑战。有人说要大幅削减成本，有人说会裁员，但卡特并不这样看待问题。他期待着积极的结果。他宣告了自己的期待："我告诉大家，我们要做出改变，但并不是以裁员的方式进行。谁会在乎裁员呢？我倒是对招人感兴趣。"他做了一切必要的工作，确保其扩大规模的想法行得通。在这些想法产生作用时，他把功劳归于努力帮助他实现愿景的下属。

他说："我知道，这么做是对的。如果错了，是我的错，我的责任。我不想出错，但万一真的如此，我会承担责任。我会尽一切可能去照顾我的人。作为领导，别无选择。"在他掌管道富银行期间，公司销售收入增长了两倍，员工数量也翻了一番。㊀难怪德鲁克认为，照顾好自己人对取得成功非常重要，这一条也位于他自己通往成功路上的必做事项清单的前列。

领导通过培训分享收获

分享的收获并不一定必须是自己的股权或者奖金。唐纳德·韦斯（Donald Weiss）是新泽西州凯尼尔沃思（Kenilworth）怀特存储和检索系统公司（White Storage and Retrieval Systems）的首席执行官。怀特公司是一家自动化检索系统制造商，专为存储小部件和文档服务。公司规模虽小，利润却不错。由于领导有方，公司得以发展。

韦斯决定分享一些改善公司内生活品质方面的收获，教授员工高级管理和专业课程。此时，他发现多数员工缺乏基本的英语技能。韦斯觉得，如果他们不懂英语，教他们会相当困难。于是韦斯开始请老师来教基础英语。他开始时是在下班后教，很快连上班时间也用来教学了。不久，有100多人参与进来，老师教他们各领域的知识，包括数学、读图、制造技术和团队建设。

㊀ Carter, Marsh N.

他开始为员工准备高中同等学历证书。后来，他开始邀请客户对员工进行培训。IBM 的讲师也曾来怀特公司教授质量管理。他们曾一度提供了 7 000 小时的培训。

发起这个项目是因为韦斯想要提高员工的生活品质，但这带来了戏剧性的意想不到的成果。韦斯在卸任首席执行官之前曾说："过去的员工流动率是 25%，现在低于 10%……员工申请的索赔大幅下降。我们现在的支出费用仅是 4 年前的 1/10……仅在 1 年时间里，我们就见证了订单周转时间从 7 天减少至 1 天。"[⊖] 在韦斯退休前，公司报告年销售额达到了 5 000 万美元。

这对所有参与者来说肯定是双赢的结果。德鲁克运用知识把自己的事业推向巅峰，任何组织的领导都可以运用同样原则，推进他人的事业，同时提升自己组织的市场地位。德鲁克没做过公司总裁，但他以同样的方式照顾自己的学生，甚至毕业多年后仍然如此。他清楚，这对于让合适的人员进入各自组织高层非常重要，而这也是他抵达自己职业生涯巅峰所做的一切。

⊖ Browkaw, Murphy & Seglin, "What It Takes."

第 11 章
责任先于个人利益

PETER DRUCKER'S WAY TO
THE TOP

最重要的是,人们希望管理者对自己的工作和业绩承担责任。
——彼得·德鲁克

责任和职责是同义词，就是一个人需要履行的义务或完成的任务。在工作场合，这可能是我们考虑最多的。聘请你担任某一职位时，你的职责可能会写进正式的合同，你必须签上自己的名字，表明自己已经了解并愿意接受。在小企业，岗位职责可能只会予以口头说明。这就是口头协议，可以包含一系列你同意履行的职责。当然，在工作以外的环境中也存在不少因协议而产生的责任。比如，结婚就相当于你签署一份契约，并获得结婚证，在多数婚姻契约中，每一方的职责都有明确的规定。当然，有些职责是隐含的。例如，我们走在街上，看到有人陷于困境时，在力所能及的情况下，社会道义希望我们伸出援手。

责任可以隐含，也可以明确

很多责任是法定的，必须履行，即便你无意承担，也没有签署过任何协议。驾车发生车祸时，如果有人受伤或财物受损，你就应停下来，而不是离开现场。作为一名高级经理或高层管理者，你可能会被赋予社会责任。即便没有体现在雇用协议之中，社会仍期待你承担社会责任。山姆·沃尔顿因承担社会责任，低价销售，将沃尔玛门店开在大型商店不愿去的地方而广受赞扬。不过，他也受到攻击，说他缺乏社会责任感，原因是沃尔玛门店数量增加之后，不少当地的小商店不得不关门停业。因此，责任有时取决于人们的感知，可能是隐含的，也可能是明确的。无论如何，你都要承担责任。在任何情况下，权力越大，责任就越大。

首席执行官比低层管理人员掌握更多的权力，因此要肩负更多的责任。德鲁克注意到了这一事实，也非常重视这一点。在任何一个管理层级，认识到这一事实并且把责任置于个人需求之前都很重要，它事关我们能否推进自己的职业生涯或获得成功。

个人责任和个人需求

不过请稍等，这里面既有个人责任，也有个人需求。什么是你对家庭的责任呢？著名作家艾萨克·阿西莫夫（Isaac Asimov）的事业非常成功，出了200多本书，而且很多是畅销书，当然并非所有的都是科幻小说。我们知道，他是从写科幻小说起家的，也因此闻名遐迩。

在家里，阿西莫夫特别喜欢女儿。他写过两本自传。在其中一本里，阿西莫夫曾写过，女儿长大后，他问女儿，她会怎样描述小时候自己父亲的形象。他想象女儿会这么说，"你是位有爱心的爸爸"或者"你是位慈爱的爸爸"。但结果完全出乎他的意料，女儿立即回答说："你是位忙碌的爸爸。"反思过后，他写道：不幸的是，女儿说的没错。尽管他曾努力过，却常常忽视自己作为父亲的责任，而只是投入到自己作为作家的工作之中。这不是把责任放在需求之前，而是把一种责任置于另一种责任之前。

可悲的是，我们中的多数人都犯有同样的错误，却对此毫不知情。这一现象启发了哈里·查宾（Harry Chapin）和妻子桑德拉（Sandra）。他们在1974年创作了盛行一时的歌曲《摇篮里的猫》（*Cat's in the Cradle*）。歌曲讲述的是忙碌的查宾总是无暇顾及自己儿子的故事：他讲故事的语气潜移默化地影响了儿子。年老之后，父亲建议和儿子一起做些事情，儿子却用年少时父亲对他说话的方式回复他的请求：现在太忙，将来会有时间一起共度美好时光。这首歌曲位列1974年12月的百强单曲榜榜首。这是查宾创作的唯一一首冠军单曲，也是他最出名的作品，他也因此入选 2011 年格莱美名人堂。㊀关于这首歌，查宾讲过："坦白说，这首歌吓得我要死。"㊁我曾写过一篇文章，警告大家忽视自己职责的危险，其中就援引过这首歌。我收到很多听众的强烈回应，表达了同样的情感，有的甚至来自遥远的澳大利亚。

我在这里想说的是，虽然我们主要看重事业上的成功，可家庭也很重要。不幸的是，我们可能只有在自己老了，孩子长大以后，才会认识到这一点。因此，我们继续研读德鲁克对于"责任先于个人利益"的见解时，要想想查宾的这首歌曲。

什么是责任

毫不意外，在词典中查"责任"一词时，你会发现有多种意思。有两种意思，表达了成功所需的要素：①某个职业或职位所要求的行动；②道德或法律义务。我们需要这两种意思来理解自己对社会的责任、对家庭的责任、遵守法律的义务，以及作为普通管理者和企业高管的职责。

首席执行官的成功故事：把工作责任置于个人责任之上

赫布·凯莱赫（Herb Kelleher）曾长期担任美国西南航空公司（Southwest Airlines）首席执行官。该航空公司曾是美国最赚钱的航空公司，多次在客户调查中被评为质量最好的航空公司。凯莱赫总是这样说："如果公司业绩下滑，你也有责任。"

㊀ "Cat's in the Cradle". *Wikipedia*, https://bit.ly/2nj53xr, accessed 20 July 2018.
㊁ "Harry Chapin –'Cats in the Cradle'Soundstage". *YouTube*, posted 21 January 2014. https://bit.ly/2OiGT1P, at 51s.

西南航空公司曾一度遇到困难，凯莱赫找到董事会，对他们说要给自己减薪。他削减了自己20%的奖金，并减少所有员工10%的奖金。削减奖金之后，他才解雇了一名员工。⊖ 我们看到，其他成功的首席执行官也这么做。接下来，我们看看他的工作内容。

责任先于个人利益的管理人员在遇到重大问题时会去帮助他人，克服困难，并完成任务。然而，在工作中遇到问题时，不少管理人员往往没能把员工放在第一位，即使在实现目标时所碰到的障碍并不是很大，他们也是如此。管理人员并不总是需要去挑战高难度的任务，但他们确实需要把自己的责任放在个人利益之前。同时也要记住，其他责任，如家庭责任，也需要关注。

责任先于个人利益——管理者总是这样做的吗

凯莱赫所体现出的责任先于个人利益的做法在行业内是不是很普遍？其实不是。在很多企业中，当利润出现任何下滑时，有一种默认解决方案，或者遇到其他商业问题时，管理者也会采用这种默认的解决方案。《新闻周刊》（Newsweek）的一篇文章曾写过："很多首席执行官因拙劣决策而导致问题后，通常会牺牲员工的利益来拉动公司股价上涨。股价上涨，他们能够获得加薪，但员工遭受了损失。"⊜

盛田昭夫担任索尼公司董事长时曾表示："美国管理层只把员工看作赚钱的工具。在经济繁荣时，雇用更多的工人；经济出现衰退，就解雇工人。但我们要知道，经济衰退并不是工人造成的。"⊜ 德鲁克曾做出巨大努力去说服其他人，要把员工视为会计分类账户上的资产，而不是负债。

幸运的是，并不是所有的美国管理者都把员工当作"赚钱的工具"，但总

⊖ Waxler, Robert P. and Thomas J. Higginson. *Industrial Management* (July-August, 1990), 26.
⊜ Sloan, Allan. "The Hit Men". *Newsweek*, 26 February 1996, 44-48.
⊜ Waxler and Higginson, 24.

是把员工或他人的需求放在使命（工作职责）之前，也可能会遇到麻烦。艾萨克·阿西莫夫发现，在家庭需求方面也是如此。总会有这样的时候，你和员工每天必须工作到很晚，假期或周末还得加班，这样才能满足客户的需求。有的时候，个人愿望必须为工作让步。但如果你总是这么做，就是在自找麻烦。的确，有的时候，工作必须先于个人。但也有时候，个人需求，如员工的需求、家庭的需求，必须放在优先位置。无视它们，就会有危险！

关心自己的使命和关心员工是密切相关的。没有员工，你就不能完成使命。但如果你一成不变地总是把使命和员工中的一个放在最重要的位置，在面对特定情况时，还是可能出问题的。

对使命和员工都很关心并非新概念

对使命和员工都很关心这一理念可能来自其他领域，研究人员对此有详细的文献记录。20世纪60年代早期，罗伯特·布莱克（Robert Blake）和简·穆顿（Jane Mouton）博士就写了好几本专著，专门研究这个问题。他们的著作《管理方格》(The Managerial Grid)和《新管理方格》(The New Managerial Grid)设计了一种运用矩阵来衡量管理有效性的体系，其中一条数轴为关心产出，另一条则为关心员工。在那个时候，强调员工重要性的管理类书籍才刚刚开始流行。他们的第一本书卖出了近100万本。今天看来，他们的结论很浅显，就是领导的主要关注点应放在产出和员工身上（他们称之为"头部和心脏"），这会带来众多的收益和综效，⊖而在所有情形中，总是只关注同一个因素是不对的。换句话说，人员和使命都应是非常重要的，但其先后顺序并不总是固定不变的。有时候，使命（工作）必须放在最为优先的位置。而在其他时候，

⊖ Blake, Robert R. and Jane S. Mouton. *The New Managerial Grid* (Houston, TX: Gulf Publishing Co., 1964, 1978), 95.

全体员工（或某个具体的人员）必须处于优先位置，先于使命。如果有人想运用德鲁克的方法走向巅峰，实现自己最好的成就，就必须确保这两个因素都处于优先级别的顶端。在具体情形中，你必须考虑全部要素才能判断哪一个更为重要。

为别人的成功而高兴

作为组织的领导者，就要对组织的成功或失败承担起责任。因为组织由人员构成，所以要对组织中人员所做的或没能做到的任何事情负责。如果你的人员取得了成功，你就成功。相反，如果他们失败，你就失败。

任何把责任放在首位的领导者，都会为那些对自己负责的人员的成功而感到欢欣鼓舞，并会尽一切可能帮助他们取得成功。这类领导人会对失败负起全部责任，他们也会尽可能多地把成功归功于自己的员工。

把自己放在最后

当然，你也得考虑自己，要为自己做些事情。我讲过，你也要对自己的家人负责。如果你从来不考虑诸如个人健康、适度的睡眠，以及花时间陪伴家人等问题，就会遇到很大的麻烦，它们可能会对你的生活产生负面影响，更别说会影响你的领导力以及抵达巅峰的能力。

当领导者几乎总是优先考虑自己的利益时，问题就会随之而来。作为领导者，你负有不可逃避的额外责任，就是必须照顾好你希望追随自己的人。你必须把自己领导的人员的利益放在首要位置。你必须考虑自己在完成任务时，所采取或没有采取的任何行动可能产生的影响。更多时候，你必须在考虑了所有这些问题之后，再来照顾自己的需求。的确，作为领导者，你有一些他人所没有的权力，但你也承担了更多的责任。

你是领导者，其他人会以你为榜样。如果你总是优先考虑自己的福利，把自己的利益放在他人和完成任务之前，那么你希望跟随自己的人怎么做？可能的结果是，他们根本不愿意跟随你，他们也会忙着照顾自己的利益！

分担痛苦

分担痛苦就是，在下属出差错时，你必须到场，表达自己的关心。然而，表达自己的关心不只是表现出来而已，你必须真正分担下属的痛苦，让他们知道你是不是把责任放在自己的利益之前。你必须分担他们的痛苦，不论是不是方便，困不困难，是不是要花费时间、金钱和其他资源。

他因咖啡闻名，但也关心自己的员工

想要接受责任这个概念，你就应该知道，行动胜于言语。你不需要跑来跑去，到处宣传自己是多么了不起。但你的确需要通过分担痛苦，共担困难，来表达自己的关心。这胜于你讲上千言万语。

霍华德·舒尔茨（Howard Schultz）在纽约布鲁克林区长大，依靠助学贷款上了大学。毕业后，他做起推销员的工作，并于 1982 年加入了星巴克（Starbucks）。5 年后，他收购了这家公司，成为首席执行官。这家位于西雅图的公司当时只有 6 家分店，员工不到 100 人。如今，星巴克在 64 个国家有近 238 000 名员工。[⊖] 舒尔茨是怎么做到的呢？

至少，舒尔茨遵循了德鲁克较早前推荐过的一条成功原则。舒尔茨在他

⊖ Statistic Brain Research Institute. "Starbucks Company Statistics". *StatisticBrain*, https://bit.ly/2vnfODz, accessed 20 July 2018.

的《将心注入》（*Pour Your Heart Into It*）一书中写道："我们的首要任务，是照顾好自己的员工，因为是他们负责把我们的热情传递给客户的。"㈠

几年前，他对一位记者说："你在员工身上投入的每一分都物有所值，都会在收支平衡表上体现出来。"㈡为了支持这一观点，他为所有员工，不论是全职还是兼职，都提供了大方而全面的员工福利计划，包括医疗保健、股票期权、培训项目、职业咨询和产品折扣等。舒尔茨表示："不提供这些福利的代价是巨大的。"㈢所以，舒尔茨享受到了收益，但也承担了痛苦。

的确，我们一直讨论的普遍成功法则或原则在内容上是有重叠的。作为责任先于个人利益内容的一部分，关心员工也是如此。

有一次，舒尔茨出差去纽约。正当他在酒店房间睡觉时，电话铃响了。在华盛顿的一家咖啡店里，有三位星巴克员工被人杀害。他马上穿好衣服离开酒店，直奔机场。第二天一早，他已经抵达现场，安慰受害人的亲属和同事。1997年，星巴克已经拥有20多万名员工，舒尔茨依然用各种方法提醒自己要对所有员工负责。他当时曾说："对于我，或任何一位首席执行官，让员工看得见这一点非常重要。"㈣分担痛苦，即便只是为了安慰，也表现出责任先于个人利益的精神。有时候，这种精神还可以仅仅从自己办公室的大小，或有没有给自己安排私人秘书这样的小事上体现出来。

创造 10 亿美元的销售额，却没有私人办公室

迈克尔·布隆伯格（Michael Bloomberg）是彭博有限合伙公司（Bloomberg

㈠ Schultz, Howard and Dori Jones Yang. *Pour Your Heart into It: How Starbucks Built a Company One Cup at a Time* (New York: Hyperion, 1997), 182.

㈡ Rothman, Matt. "Into the Black". *Inc.Com*, January 1993. https://bit.ly/2OeAW5O.

㈢ Ibid.

㈣ Zachary, G. Pascal. "CEOs Are Stars Now, But Why? And Would Alfred Sloan Approve?" *The Wall Street Journal*, 3 September 1997, A-1, A-10.

LP）的创始人、首席执行官和所有者。这是一家全球性金融服务、大众媒体和软件公司，㊀公司市值达 10 亿美元，通过彭博新闻社（Bloomberg News）出版财经电子新闻，并提供其他各类业务。全球 100 多个国家的 10 多万金融专业人士订阅该公司的新闻。不菲的订阅费让迈克尔·布隆伯格的个人财富达到 530 多亿美元。他曾辞去过首席执行官，做了三届纽约市市长。2014 年，他重新执掌公司首席执行官一职。

彭博新闻社在 73 个城市设有 192 个办事处，聘用了 1.9 万名员工，是一家市值数十亿美元的企业集团。与员工相比，迈克尔·布隆伯格的办公室既不是最大的，也不是最小的。因为不论他自己还是员工，都没有私人办公室，也没有秘书。他始终坚持这种做法："彭博不设私人办公室。我的办公桌的尺寸和其他人的一样大。"㊁

此外，布隆伯格坚持认为，员工获得晋升后不应指望工作会减少一些，假期会增多一些。"你的价值更高，薪水就会更高，同事就应该从你身上获得更多收益。"㊂

这个故事的重点不是说彭博的高管有没有大规格的办公室，或者其他象征权力的东西，而是告诉你在彭博获得成功的秘诀，而这种方法正是德鲁克所推崇的。

对使命和员工的关心远多于自己

看到企业家把责任放在个人利益之前，德鲁克总会觉得欣慰。霍默·劳

㊀ "Michael Bloomberg". *Wikipedia*, https://bit.ly/25Ss7D2, accessed 20 July 2018.
㊁ Roshan, Maer. "Michael Bloomberg's Office Is ⋯ a Cubicle?!" *The Hollywood Reporter*, 9 April 2015. https://bit.ly/2OhfbCA.
㊂ Whitford, David, " Fire in His Belly, Ambition in His Eyes," *Fortune*, 12 May 1997. https://for.tn/2LUoeMR.

克林瓷器公司（Homer Laughlin China Co.）是一家私营公司，位于西弗吉尼亚州的纽威尔市。根据当前的估值，公司年销售收入在2 000万~5 000万美元之间，员工数量在1 000~4 999之间。㊀作为一家生产瓷器的公司，其规模还是相当大的。实际上，该公司曾宣称自己是世界上最大的瓷器制造公司。

然而，霍默·劳克林瓷器公司的生产设在美国国内，而不是国外。在大萧条时期，公司依然生存了下来，甚至更加繁荣，因为当时的电影院为了吸引顾客，纷纷赠送餐盘作为看电影的奖品。然而，到了20世纪70年代末，廉价的进口产品冲击了他们的市场。那时候，公司的首席执行官是约瑟夫·韦尔斯二世（Joseph Wells Ⅱ），总裁是马库斯·亚伦（Marcus Aaron）。他们的祖父在1897年从公司创始人手中买下这家公司。㊁公司还从最近的经济衰退中幸存了下来，这是十分少见的。要知道在60多年前，即20世纪40年代的《财富》500强公司，只有71家仍然活着。

到20世纪70年代末，霍默·劳克林瓷器公司已经在为餐饮企业生产廉价餐具了。但进口产品的竞争抹去了他们的价格优势，导致销售额骤降。两位所有者都不缺钱，他们考虑着，要不就到此为止吧。他们都清楚，清算会对公司所在社区造成严重影响。首席执行官韦尔斯说："这些员工是公司老员工的第四代和第五代子孙。我还曾和有些人一起上过学。"㊂

最后，他们俩决定坚持经营下去，不是为了自己的利益，而是为了员工，或许还有那么一点是因为自己家族对公司的所有付出。但要保住公司就意味着要额外花费50多万美元购置新设备，重新设计制造工艺。他们因此削减了数十道工序，降低成本15%，生产周期从七天缩短到一天。这样做又让他们能减少75%的库存。经过努力，公司终于走出困境。

㊀ "Homer Laughlin China CO." Manta, https://bit.ly/2vK2jNo, accessed 20 July 2018.
㊁ "Homer Laughlin China Company". Wikipedia, https://bit.ly/2n5iLEe, accessed 20 July 2018.
㊂ Oliver, Suzanne, "Keep It Trendy". Forbes, 18 July 1994, 88.

由于不仅仅是为了生存，他们还拿出了曾经非常流行的被称为嘉年华的古老模具。在布鲁明戴尔（Bloomingdale，美国著名的轻奢百货商店）发布了复兴品牌之后，霍默·劳克林瓷器公司开始恢复经营。利用嘉年华系列所带来的现金流，他们投入更多的生产线，进入定制瓷器业务。㊀ 自然，霍默·劳克林瓷器公司员工对老板所表现出来的高尚道德和勇气，以及把责任置于个人利益之前的做法，给予了积极的回应。

历史表明，把责任置于个人利益之前，意味着把注意力放在使命和员工身上，还要好好判断自己在不同情形中所承担的责任。这表明，要永远把个人利益放在使命，以及包括下属、客户和家人在内那些仰赖自己的人之后。做到这一点的确很难，因为各种责任往往会彼此冲突。你不可能总是自分之百成功，但值得你去努力，德鲁克的职业生涯就证明了这一点。做到责任先于个人利益的确很难，但你能够做到。

㊀ Ibid., 89, 94.

第 12 章
亲临一线

PETER DRUCKER'S WAY TO THE TOP

第一次世界大战期间,高级军官的损失比因他们的无能而导致的损失要小得多。牺牲的将领太少。

——彼得·德鲁克

德鲁克看过大量关于战争的书籍，在课堂和写作中也运用过大量的军事案例。他深知，在战争中亲临一线对赢得战斗十分重要。他曾说，第一次世界大战期间，同盟国阵营失败的一个重要原因就是他们"阵亡的军官太少"。原文是这样说的：

20世纪20年代中期，德鲁克还在念高中，历史老师指定了好几本关于第一次世界大战各大战役的书，让同学们阅读。在阅读后的讨论课中，有位同学问："这里的每一本书都说，第一次世界大战完全是一场根本没表现出军事能力的战争。为什么？"授课老师（他曾在战场上受过重伤）毫不犹豫地回答："因为战死的军官不够多；他们总是躲在远离前线的地方，让别人去战斗，去牺牲。"㊀

成功需要如何自我定位

在任何工作或人类活动中，如果想要成功就必须亲临一线。德鲁克深谙此理，并且遵循着这一原则——亲临一线。年轻的时候，他支持保守派，领导过一批同学；当纳粹党力量逐渐壮大时，他曾公开反对纳粹。他用德语写过两本书，第一本支持犹太人皈依基督教，另一本讨论德国犹太人所面临的各种问题。可惜，两本书都被纳粹禁止了。1939年，他写了第一本英文著作

㊀ "The Leader of the Future". *Executive Book Summaries* (Concordville, PA: Soundview Executive Book Summaries, n.d.) 2, original emphasis. https://bit.ly/2OLe2UJ.

《经济人的末日》，继续反对纳粹。他的《公司的概念》一书，㊀则开辟了管理学这一全新领域。"德鲁克式的与众不同"在他年轻时就已显露出来。必要时，他会站在非主流立场。在其他人呼吁规范"商业伦理"时，他却坚持认为根本没有这一回事，而只有伦理。多数学者认为，管理都应是参与式的，他却不这么认为，他觉得应该是情景式的，有时候，管理还需要采取指令的方式。他倡导分权管理的时候，这个概念还不流行。他可能是唯一一位管理领域专家明确指出销售不仅不属于营销，相反可能是营销的对立面。他总是亲临一线，而这对他的成功至关重要。

如何做到亲临一线

想要成功，请遵循这条自然法则：亲临一线。方法如下：

- 亲临一线，树立榜样。
- 能亲自做自己要求下级做的任何事情。
- 负起责任。
- 做一线领导。

凯撒大帝的杰出特征：他总是亲临一线

尤里乌斯·凯撒（Julius Caesar）有一个特点使他成为一位与众不同的著名罗马将领。这并不是说他的思想不够深刻，他的确是个思想家，只是其他人的思想更为深邃，比如"哲学家皇帝"马可·奥勒留（Marcus Aurelius）。

㊀ Drucker, Peter F. *The End of Economic Man* (New York: John Day, 1939); Concept of the Corporation (New York: John Day, 1946).

这也不是说凯撒的战略或战术不够卓越，他的确卓越，但还有不少罗马将军至少同样卓越。

让凯撒鹤立鸡群的是，他会花很多时间在前线与士兵一起战斗。据说，他不仅记住了每位军官的名字，军团里成千上万普通士兵的名字他也能记住。问好时，他能叫出对方的名字，并和他们一起在前线战斗，以及后来一起在罗马元老院战斗。这不仅让他深受欢迎，还使他成为出色的政治家，尽管他从政经验很少。

正因为如此，凯撒的士兵清楚，他们对于凯撒并不只是个编号而已，他们很重要！不论在哪里开展行动，不论发生了什么，他们都知道，凯撒一定会和自己并肩战斗。

在过去，不可能只待在后方就指挥好战斗；而在今天，也不可能只在后方就指挥好公司的日常运营和其他活动。你必须亲临前线，到行动开展的地方去。这样，你才能看清什么对了，什么错了，你才能迅速做出重要决定，而不是上上下下、经过层层批准之后才做出决定。你能看到员工，员工也能看到你。毫无疑问，他们每个人的脑子里都清楚你想让他们做什么，但你亲临现场这件事会让他们明白，你是多么希望完成这件事情。这会让他们明白，你觉得他们所做的一切非常重要。这也让所有愿意追随你的人知道，你已经做好准备，愿意并且能够和他们共同面对困难，一起解决问题，实现每一个目标，完成每一项任务，并且共同分享成功的喜悦，或者一起面对失败的痛苦。此外，亲临现场还让你有机会树立榜样。记住，要想抵达巅峰，你就需要成为领导者；要想成为领导者，你就必须有领导实践。要领导他人，就意味着你需要亲临一线。这对于像德鲁克这样的专业人士同样适用。我们每个人都知道，德鲁克的名字是彼得，他让我们不要称他为"教授"或"德鲁克博士"，所以我们都对他直呼其名。当然，他也知道我们的名字，他只见过我妻子一面就记住了她的名字。

面对巴西丛林中的猎头族和食人鱼探险取得成功的故事

马克·钱德勒博士（Dr Mark Chandler）领导一家在得克萨斯的公司，叫因兰实验室（Inland Laboratories）。公司业务是向医学研究人员出售毒素、病毒以及其他生化产品。有一次，公司需要两种稀有植物来提炼抗癌药物。可不幸的是，这两种植物只生长在数千英里之外，远离文明社会的巴西热带雨林，其他任何地方都弄不到也买不到。要想获得该植物，就必须有人进入丛林。钱德勒当然可以派遣自己的员工前去采集这种稀有植物，但是员工们的工作职责不包括与食人鱼、致命毒蛇和猎头族人打交道。这样的旅行没人愿意去，更不要说负责带队。于是钱德勒亲临一线，亲自组织并领导了一次为期 8 天的亚马逊丛林探险之旅。

这并不容易，因为这不是由旅行社安排的探险之旅。刚进入丛林才几天，钱德勒就几乎丧命。他发高烧、腹泻，甚至不得不跳进河里来降低体温，完全忘记了在河里还有各种食人鱼和毒蛇。因为他病得实在太严重，根本顾不上这么多。幸运的是，他挺过来了。两天后，他退烧了。之后不久，在当地向导的帮助下，他找到了所需要的植物。公司 10 多年的老客户，基因内区疗法公司（Intron Therapeutics）总裁戴维·南斯（David Nance）这样评价他："马克·钱德勒不论是穿着缠腰布、实验服，还是套装西服，都一样容易让人亲近。"员工、客户和供应商都听说过钱德勒亲临一线参与行动的故事。《福布斯》杂志当时给内陆实验室的股票确定的市盈率高达 40 倍。⊖

为什么必须亲临一线

有些领导人觉得自己应该保持超然的态度。他们相信，自己必须冷静和

⊖ Mack, Toni. "Indiana Jones, Meet Mark Chandler". *Forbes*, 23 May 1994, 100-104.

细致地分析情况，做决策时不能受外界因素和复杂情况的干扰。在他们看来，做决策时应远离现场一线，因为各种噪音、时间的压力以及其他问题，都会干扰他们冷静和清晰的思考能力。这样做是不对的。其实他们忘了，自己必须身处现场才能获得及时准确的信息，才能做出基于现场实际情况的决策。

生活中很多时候都需要沉着的思考和精确的分析，但很多想要成功的人却颠倒了主次。行动开始时，优先任务是亲临现场，到人们真正工作的地方去。只有真正做事情的员工才是在成就事业。你不可能坐在办公室里，吹着空调，就能领导这样的行动和成为真正的领导者。

亲临一线的女性

到了最近，女性的能力才被认可。近年来，美国军队开始为女性提供平等的服役机会，允许她们参加战斗。过去几年时间里，不少女性成功完成了诸多艰苦的训练项目，如突击队员训练和海军陆战队的两栖作战军官课程训练。还有女性参加了战斗，她们和男人一样，经历了各种艰难险阻。并且，已有女性被晋升为四星上将，这是美国军队在和平年代授予现役军官的最高军衔。

15世纪的英法百年战争，英国入侵法国领土。看到自己的祖国被侵略，一位法国少女非常伤心，她就是圣女贞德（Joan of Arc）。贞德在13岁时就听到过三位圣人的声音。他们交给她一项任务：解放在英国控制之下的法国。此后的5年时间里，她并不是很坚定。她时常会想起这件事，却没采取任何行动。后来，她找到国王查理七世（Charles Ⅶ），大胆向他索要法国军队的指挥权。你能想象吗？如果你了解，这在今天，即使男性和女性在包括军事领域在内的所有领域都已经开始走向平等的时候，都是很困难的；想象一下，在贞德那个年代，这会是一种什么样的情景。

查理七世和他的幕僚已经非常绝望，于是，他真的把指挥权给了贞德。因为，这位国王已经和众多男性指挥官一起，用尽了各种办法，可战局依然十分困难，国王的众多官僚都觉得，贞德可能是他们唯一的机会。

贞德被任命为法军指挥官之前，英军对奥尔良的包围已经持续了8个月，法国军队用尽办法，都未能解围。但贞德只用8天时间就解了围。在发起攻击之前，她给士兵下达的命令很简单："勇敢地冲进英军阵营去。"当然，她不仅仅是发号施令，她还亲临一线，身先士卒。她告诉当时的史官："我自己也得勇敢地加入战斗。"

贞德本身厌恶战争与杀戮。尽管她指挥法国军队，发号施令，但她并不会参加肉搏战。她会骑在马上，举着巨大的旗帜。每位士兵看到旗帜，都能轻松地辨认出她。贞德带着旗帜和旗杆冲到战场上形势最为严峻的地方。这是多数战斗行动进行的地方，也是最危险的地方。法国士兵看到指挥官已经亲临一线，他们也自然会跟上去，投入战斗。

亲临一线不是为了作秀。贞德的行为最终导致她一年后在解放贡比涅城（Compiegne）的时候被捕。逮捕她的人把她当成女巫，处以火刑。他们不相信指挥官会这么勇敢，这么战功卓著，更不用说贞德是一位没有受过任何军事训练的女孩，她肯定拥有某种邪恶的力量。的确，贞德拥有非凡的力量。这就是强调领导者要亲临一线，冲在前面的普遍法则的力量。

女飞行员取得了男飞行员所不能达到的成就

2018年7月，一位女将军做到了男性都没能做到的事情。玛丽安·米勒（Maryanne Miller）中将已经是第一位女性空军预备役部队指挥官，麾下有29 000名士兵，统帅目前驻扎在中东地区的大部分机组人员和战斗机。但就在昨天，我在写这一章内容的时候，我接到消息，米勒将军已经成为第一位被晋升为上将的现役预备役军人。也就是说，米勒成为四星上将，统帅空军机动司令部，一个不会与预备役部队直接产生关系的重要现役岗位。

在米勒之前，只有一位预备役军人曾被晋升为四星上将，他就是著名飞行员吉米·杜立德（Jimmy Doolittle）。杜立德领导了轰炸东京（Tokyo Raid）的行动，并获得过国会荣誉勋章。二战期间，他还在欧洲指挥过第八航空队。退休几年后，在去世之前，杜立德又被国会授予特别荣誉（没有额外的奖金），并晋升为四星上将，以表彰他所做出的杰出贡献。米勒将军是一位拥有4 800小时以上飞行时间的飞行员，曾飞过6种不同的机型，并且是现役军人。因此，米勒属于不同类型。

和在战场一样，董事会不乏亲临一线的当代贞德。贝丝·普理查德（Beth Pritchard）是美国沐浴用品连锁店领导品牌美体沐浴工厂（Bath & Body Works）的首席执行官。普理查德也同样亲临一线，展示出特殊的力量。除了在公司的职务和责任之外，她每个月还会花两天时间在美体沐浴工厂精品店"亲自作战"。她并不是坐着监督，也不是用全部时间对雇员指指点点。她去探望员工，也让她们看到自己；她教导员工，也向她们学习。她帮助布置展示柜，将商品上架，并整理礼品篮。她说："不过，我对收银真的不在行。"

她是不是擅长收银并不重要。普理查德亲临一线，都能获得回报。她的收银机里总是满满的。1991年，她接手美体沐浴工厂时，公司只有95家门店，销售额只有2 000万美元。5年之后，门店数量增加到惊人的750家，销售额达到7.53亿美元。2008年7月，公司宣布将在加拿大新开6家门店。目前，美体沐浴工厂经营着1 600多家门店。2010年10月，公司在科威特开设了北美以外的第一家门店。这也清楚地表明了亲临一线的力量，不论男女，同样有效。

亲临一线的人成为《时代》年度人物

2017 年，洛杉矶定为 2028 年夏季奥运会的举办城市。上一次洛杉矶举办夏季奥运会是在 1984 年。㊀ 奥运会在美国的风靡得益于当年只有 40 多岁的彼得·尤伯罗斯（Peter Ueberroth）的工作。他是 1984 年《时代》年度风云人物。该届奥运会对他个人来说是个伟大的胜利，也是一个非同寻常的例子，表明了当一位意志坚定的领导者亲临一线时，会产生什么样的结果。里根总统曾邀请他到白宫做客，并且他还经常受邀参加各种节目，被介绍为"给美国带来荣耀的人"。但在此之前，尤伯罗斯其实只是个无名小卒。

尤伯罗斯白手起家，在旅游业做得相当不错，赚了些钱。他也许不是运营奥运会的第一人选，但有家猎头公司向当时正在物色 1984 年奥运会运营人选的洛杉矶奥组委推荐了尤伯罗斯的名字。大家都觉得这不是一份好差事，没有人会觉得这份工作会给个人带来成功或者荣耀，因此，岗位的竞争并不激烈。尤伯罗斯接受了这份工作，他甚至还主动要求减薪 70%，尽管薪酬本身也并不丰厚。后来，他甚至还把自己的身份变成了志愿者。他完全放弃了为奥运会工作本应获得的收入。

有人说，尤伯罗斯不拿薪水是因为奥运会根本不可能盈利。不少专家说，洛杉矶奥运会甚至很难保本。媒体也同意这样的看法。其他城市，即使没有国际方面抵制的问题，举办奥运会时也都会有资金问题，洛杉矶怎么可能做得更好？普遍的看法是，美国洛杉矶奥运会将损失惨重。

上任第一周，尤伯罗斯甚至没能进入分配给自己的办公室。他和员工能听到屋内电话铃在响，而自己却被锁在门外。因为房东和很多其他洛杉矶市民一样，坚信奥运会要亏钱，可能付不了房租，他非要尤伯罗斯先付房租才肯交给他们钥匙。

㊀ "Peter Ueberroth, Man of the Year". *Time Magazine*, 7 January 1985. https://ti.me/2vIecU5.

哈里·厄舍（Harry Usher）是尤伯罗斯的秘书长，后来曾说："他（尤伯罗斯）的管理天赋在于领导力和感染力。"㊀尤伯罗斯一头扎进工作之中。他处处身先士卒，亲临现场。他租了一个废旧直升机库作为自己的总部，并鼓励每位职员都在机库的咖啡厅吃午饭，以节省时间。尤伯罗斯也和大家一样在那里吃午饭。

彼得·尤伯罗斯时常会巡视机库，和员工聊聊天，向员工问这问那。职员阿格尼斯·穆拉（Agnes Mura）说："彼得对他人严格要求，对自己也一样苛刻，这会让你尽可能地努力工作。"㊁

尤伯罗斯亲自参加谈判的合同金额高达数亿美元之多。随着现金慢慢流向正确的方向，他又竭力说服每个国家的体育部长。苏联刚刚宣布不来参加奥运会，尤伯罗斯就开始花更多时间亲临现场，并和员工一起工作，努力争取让其他国家都来参加。他努力坚持着，竭尽全力不让其他国家加入苏联抵制奥运的阵营。他还亲自飞到古巴，与菲德尔·卡斯特罗（Fidel Castro）面谈，劝说古巴派队参加奥运。尽管卡斯特罗自己必须跟随苏联的步伐，但他明确表示，不会向其他拉美国家施压，阻止它们参加奥运会。

苏联公开抵制之后，各路专家再次断言，洛杉矶根本不可能有办法避免亏损（或巨额亏损）。尤伯罗斯没有理会那些唱反调的人，他始终亲临一线。他宣称，即使没有苏联参加，洛杉矶仍能盈利 1 500 万美元左右。唱反调的人都乐坏了。还想盈利 1 500 万美元？这绝对不可能！

奥运会开幕以后，尤伯罗斯依旧亲临现场。据《时代》报道，他不断地四处奔走，巡视现场，甚至还坐着直升机飞越洛杉矶上空，查看高速公路的交通状况。每天巡查工作时，他会穿着不同工作人员的制服。第一天他可能

㊀ Ajemian, Robert. "Peter Ueberroth: Master of the Games". *Time Magazine*, 7 January 1985. In: *Time 1995 Almanac CR-ROM* (Cambridge: Compact Publishing Co., 1995).

㊁ Ibid.

穿公交车司机的制服，第二天则会穿引导员的制服，第三天也许会穿厨师制服。每次看到安保人员，他总会跑过去和他们握手。曾有人警告尤伯罗斯，洛杉矶很容易被恐怖分子盯上，尤伯罗斯于是下定决心，坚决不给恐怖分子袭击"他的"奥运会的机会。

事实证明，尤伯罗斯和各路专家都错了。洛杉矶奥运会不是赚了1 500万美元。在尤伯罗斯的领导下，洛杉矶奥运会赚了2.15亿美元的利润，足足比他自己预测的多了2亿美元。

后来，尤伯罗斯获得了与里根总统共进晚餐的机会，他的照片也登上了《时代》的封面。美国很多人甚至认为他应该去竞选总统。但也有人说，他只是运气好罢了。尤伯罗斯也没有说太多。他后来接受任命，担任过美国职业棒球联盟主席一职。尤伯罗斯继续一路顺风顺水，甚至成为多家公司的董事或投资人，因为他知道，真正的运气来自亲临一线。

他亲临一线，走进垃圾堆

菲利普·鲁尼（Phillip Rooney）在担任芝加哥WMX技术公司（WMX Technologies Inc.）首席执行官期间，发现了另一种树立榜样的方法。WMX技术公司是一家垃圾处理公司。在公司的每个成立纪念日，鲁尼和其他管理人员都会树立榜样，走进垃圾堆。他们脱掉西装，摘下领带，换上合适的衣服，和其他人一起分拣垃圾。鲁尼清楚自己在做什么。是WMX公司创始人迪恩·邦特罗克（Dean Buntrock）聘请的鲁尼。

鲁尼曾被派往沙特阿拉伯的利雅得，赢得了一份价值2.5亿美元的垃圾处理合同。在那里，他同样以身作则，亲临一线。为完成这项合同，他必须为员工建立一个运营小镇。鲁尼雇用了镇里的所有的2 000名工人。然后，他还亲自帮忙安装电力和污水处理系统。很少有高管会这么做。

几年后，他被派往芝加哥，接管美国的主要业务。他一周有5天都在现场，与一线经理和销售人员一起工作。他敦促销售经理多出去与客户交流。更准确地说，他是带领大家工作，而不是敦促大家，因为他也会亲自拜访客户。

鲁尼树立了好的榜样，使其他人纷纷效仿。WMX公司的销售和营销主管当时这样评价鲁尼："他与底层员工相处和与首席执行官一样轻松自如。"⊖ 鲁尼清楚自己在做什么。他承认，亲临一线是他的职业生涯和生活其他方面取得成功的关键之一。

航天员能给困境中的航空公司做些什么？亲临一线

弗兰克·博尔曼（Frank Borman）曾是美国宇航局和空军部队的航天员。退休后，他受雇于东方航空公司，担任副总裁。5年后，他全面接手，担任这家陷入困境的航空公司的总裁和首席执行官。

东方航空曾是美国四大航空公司之一，曾由一战"王牌飞行员"埃迪·里肯巴克（Eddie Rickenbacker）负责经营。如今公司负债数十亿美元。飞机燃油效率低下，且多数是过时机型。最好的飞机是L-1011，由于机型过于庞大，并不适合他们运营的多数航线，而他们有很多条这样不适合的航线。公司总部分处纽约和迈阿密两地，这导致两地总部高层人员之间的冲突和摩擦不断，工作效率低下。⊜

公司架构头重脚轻，无用管理人员过多。管理层级也太多，数十位管理人员堵塞了高管和一线员工之间的沟通渠道。曾有一个部门聘请了60人负责

⊖ Melcher, Richard A. "How Phillip Rooney Reached the Top of the Heap". *Business Week*, 17 June 1996, 80.

⊜ "Eastern Air Lines". *Wikipedia*, https://bit.ly/1INVp82, accessed 20 July 2018.

一项工作，而同样的工作，竞争对手只需要 20 个人。

　　一个典型例子是：公司曾聘请多位计算机专家建设信息控制系统。但系统安装投入运行之后，这些专家就没有领到任何新的工作任务。他们整天闲坐着，无所事事。公司办公室人员的奖金主要根据同事之间的主观互评结果进行发放。公司在亏损时，就会让数百名员工休假或解雇他们，同时，公司却为高级管理人员提供豪华轿车和私人飞机。早些时候，由于客户服务太差，导致公司的一些客户成立了"我们讨厌东方航空公司"协会（WHEAL：We Hate Eastern Air Lines）。事态至今没有好转。⊖

　　博尔曼出任首席执行官之后，亲临一线，担起了全部责任。他即刻着手开展了如下工作：

- 应他的要求，24 名副总裁被解雇、强制提前退休或自愿辞职。
- 他卖掉了捷星高管专机，并通知各位高管，今后只能乘坐公司普通班机出差。
- 他压缩了高管专车车队和司机队伍的规模，三大城市各配一辆车和一名司机。
- 他取消了为高管租赁的公司车队，并不再为高级管理人员支付各种私人俱乐部的会费。
- 他把所有重要行政部门都搬到迈阿密，使迈阿密成为公司唯一总部所在地。
- 他派遣大量与客户有直接联系的人员去一所专业学校进行学习培训，这所学校是按照迪士尼世界（Disney World）的客户服务培训大纲设立的（迪士尼世界以优质客户服务而闻名世界）。

⊖ Borman, Frank with Robert J. Serling. *Countdown: An Autobiography* (New York: William Morrow, 1988), 329-330, 326.

- 他废除了凭主观发放高管奖金的制度，建立了新的利润亏损分配方案，使之适用于每个人，不论是普通员工还是公司高管。奖金直接与公司的业绩和个人的工作表现挂钩。
- 他走访了系统内几乎每个城市的公司员工。用他自己的话说："我对他们连哄带骗，低声恳请，据理力争，明确要求。我不仅要讨好普通员工，还有他们的区域和全国性工会领导。"㊀

事实证明，这些措施相当有效。接下来四年是东方航空公司历史上利润最高的时期。第一年就赚了 4 520 万美元，第二年 2 780 万美元，第三年 6 720 万美元，第四年是 5 760 万美元。㊁客户服务从民用航空局乘客评价排行榜的垫底位置飙升到业内第二位。㊂正如博尔曼所说："你真的能从我们员工的精神面貌和工作方式中看出来，甚至感受到，新的自豪感正逐渐形成、壮大，并牢牢地固定下来。"㊃

当诸事不顺，尤其是紧急关头时，最需要领导亲临一线。博尔曼在这方面展现出了巨大力量。那时候他担任航空公司运营副总裁。有一天晚上，一架飞机在佛罗里达大沼泽（Everglades）坠毁。博尔曼一听到这个消息就马上赶往系统控制中心。没人知道飞机的具体坠落地点，博尔曼于是责令系统控制中心主任租用直升机进行搜寻。

他们看到几架海岸警卫队的直升机，确认了坠机的位置。尽管周围一片漆黑，他们还是找到一片沼泽地让直升机艰难地降落。这里距坠机地点仅 150 码（约 137 米）。博尔曼跑上前去，眼前的景象一片混乱，充满恐惧。他帮忙让伤员和幸存者登上直升机离开。他说："当我觉得现场救援人员已经足

㊀ Ibid., 323, 328, 335.
㊁ Ibid., 341.
㊂ Ibid., 334.
㊃ Ibid.

够多时，我才坐上最后一架直升机离开。"他和两名幸存的空乘人员一起，陪同一位在事故中失去孩子的妇女直接飞往医院。㊀这并不奇怪，博尔曼遵守了普遍准则，从他担任总裁和首席执行官那一刻开始，他负起了责任，并立即亲临一线。

后来，有位新任工会主席废除了博尔曼建立的激励型薪酬制度。再后来，公司被卖掉了。博尔曼本人遭到解雇，很多博尔曼所做的改革措施都不再施行。仅仅过了几个月，东方航空公司就耗尽资金，宣告破产。

这里我们讲的并不是要做个好人，一味地鼓励员工。我们讲的是，要勇于和员工相处，直视他们眼睛，尽可能帮助他们，并倾听他们的想法。至于他们喜不喜欢你，是不是觉得你是"好人"，并不重要。重要的是他们敬重你，认为你是愿意和他们荣辱与共的人。

因此，如果希望像德鲁克那样达到人生巅峰，你就应该亲临一线，亲临现场，不论自己是不是企业领导。

我以前的领导兼好友罗纳德·福格尔曼将军曾说过：不论你的工作或真实任务是什么，当领导都很容易。你要做的一切就是自愿举起手臂，带人前行。他告诉我："判断是不是领导很容易，能完成工作的那位就是。"

㊀ Ibid., 285-286.

第 13 章
培养自信,克服恐惧

PETER DRUCKER'S WAY TO
THE TOP

只有基于优势才能做好。

基于弱势不可能做好,更不用说基于自己根本不会做的事情。

——彼得·德鲁克

如果想要稳步前进，直至巅峰，自信和克服恐惧的能力必不可少。德鲁克很清楚这一点，也努力培养自己的这两种特质。我们可以从他的个人生活及其在职业生涯所做的决定中看出这点，也能从他认识到德国生活的现实后，就决定推迟长期目标，改变行程去英国，并于 5 年后在美国安家的过程中看出这一点。这种自信，以及直面变化所带来的恐惧和克服这些恐惧，安顿好家庭并找到新工作，完成这些极具挑战性的任务的能力，并不是与生俱来的。没有人生来就具有这样的品质。

没有人从生命的开始就能完成我们认为的"伟大"事情。只要看看蹒跚学步的幼儿，你就能明白这一点。我们从婴儿时期开始，逐渐完成各种大人所认为的轻松小事，如学会走路、说话、阅读、书写，以及最后学会思考和推理，等等。但这些事情真是微不足道的吗？其实不然。今天我们想当然地认为，走路自然而然就会了，不需要费多大的劲。但在你刚学走路或学做这些事情的时候，你可能认为这并不轻松。现在还有成年人不会看书和写字。他们可能会觉得羞愧，把自己不识字当作秘密，甚至不让亲友和家人知道。其实，即便对于这些"小"事，我们还得从更细小的事情做起，比如翻滚，并慢慢增加这类小任务的难度，直到最后，我们才能在身体发育到一定程度之后取得下一步的成功。

随着成年人的任务和项目变得越来越复杂和富有挑战性，我们不再总是期待成功，原因只有两个。要么我们曾在类似任务或计划中失败过；要么我们一开始根本没想努力完成它们。顺便说一句，那些从未尝试过的人之所以迈不出第一步，是因为他们觉得即使付出了努力，仍然会失败。我们可能在最初尝试时就遭遇失败。我向你保证，我跌倒过多次，失败过很多次，无论是在学步时期还是在成年时代，但我养成了自信的习惯，一定要坚持下去，你也同样可以。

婴儿学会走路之前得先学会爬行

婴儿成长的常规次序是学会翻身，然后爬行，获得足够的自信和力量之后，慢慢站立起来，再获得更多自信，然后迈出第一步。通常在迈出第一步时都会出点小状况，会摔倒。但孩子知道，至少自己迈出了第一步，因此在不久之后，他就会迫不及待地想再次尝试。而父母往往对这样的尝试感到非常高兴，会使劲夸孩子，鼓励他继续尝试。和得过中风的人聊天，他也会这样告诉你。可能会更简单一些，因为中风患者知道，他曾经成功过。他知道这可能很难。他必须增加体力，重新接上连接大脑和身体各部分的神经元。但他一定能够做到，因为以前做到过。相信我，我清楚这些。因为得了中风后，我也不得不再次经过这样一个过程。

在这里发生过一个有趣的故事，为什么一般人，有时你可能永远不会怀疑的人，在后来的生活中会缺乏自信。对于孩子们，通常有人为他们加油鼓劲。即使没有，谁又会说出他们摔倒的第一步是坏还是好？但是，随着年龄的增长，可能就会有其他人阻止我们学习一些有用的东西，虽然很多时候他们并没有恶意。这些人可能生来就爱对人指指点点，几乎总会让告诉我们，我们什么时候没有把事情做好，也许只是稍稍有点瑕疵而已，但整个结果还是不错的。不过他们总体上还算是站在我们这边。

奥运会十项全能冠军布鲁斯·詹纳（Bruce Jenner）曾说过，他小时候很怕老师在课堂上让他朗读，因为老师会批评他。被批评的次数越多，他对朗读的信心就越少，当然表现也就越糟糕。他喜欢上体育，是因为有一天老师让他和同学们在校园里的两点之间往返跑，他跑得最快。这是他人生中第一次被其他人赞美。"我不知道你居然能跑那么快。""孩子，你跑得真好！""我敢打赌，你能跑得比任何人都快。"詹纳的自信心猛增，被赞美得多了，詹纳的自信心就外溢到其他领域。在他看来，这是他通往1976年奥运夺金之路的第一步。

在我的成长过程中，我父亲还在空军服役，我们搬过很多次家。因为出生于军人家庭，我其实来自不同的文化背景，有时候同学会取笑我，他们当中没有来自军人家庭。因此，我的自信心不足，学习表现很一般。有一天，我们进行学生会选举。搞笑的是，班里有位同学提名我作为候选人参选学生会主席，总共有五人竞选这一职务。全班人都在笑话我。我极力推辞，但老师很鼓励我，我就接受了提名。但是所有候选人都必须发表竞选演说。我发现，这才是他们推举我的原因。他们知道我的表现会非常糟糕，盼着我出丑。为了让家长们也参与进来，他们将担任竞选活动经理，并协助撰写演讲稿。那天下午我回到家里，心烦意乱，情绪低落。然而，我父亲却很渴望参与进来。他说我应该自己写演讲稿，他会帮我仔细检查，提出建议，使演讲的措辞更加恰当得体。我父亲不仅在空军服役过，二战后他还是空军的律师。有时候，律师就喜欢做这些事情。

我发现自己演讲稿写得还不错。但经我父亲修饰过之后，唐纳德·特朗普或者希拉里·克林顿用它做演讲都可能收到不错的效果。我反复练习，直到能够脱口说出父亲加进去的那些陌生词汇（有不少词的意思我才刚刚学会）。竞选的日子到了，我的整个演讲非常完美。全班学生，甚至老师都惊讶得说不出话来。台下没有一点儿嘲笑声。经过计票，我的票数排在第二位，于是我担任副主席一职。其他同学对我的态度都变了。现在我走进教室时，会有人喊："科恩来啦。把词典拿来。"但说话的方式是友好的，也尊重我。他们的态度不仅影响了我的表达能力，而且还改进了我的言行举止，增强了我的自信。毫无疑问，这极大地帮助了我的成长，并有助于我后来取得的所有成就。

积小步成大步

每个人需要做的是选择一个相对容易实现的目标，着手去做，实现该目标。每次成功完成一项任务或实现一个目标，就庆祝一番，祝贺自己，然后再定一个更高的目标或更具挑战性的任务。这就像练习举重或跑步一样，随着自身力量的增强，慢慢增加重量或跑得更快一些。用不了多久，你就能完成以前从没想过自己能做到的事情。励志演说家金克拉（Zig Ziglar）曾讲过他自己通过慢跑成功减肥的故事。每天跑步时，他都会数路边自己所经过的信箱的数量，并慢慢增加个数。你在自己的生活中也可以这样做，很快就能获得所需要的自信，达到好的结果，并抵达职业的巅峰。

必须培养对组织的全面信心

我在第 1 章中讲过，德鲁克曾写过这样的句子：组织不可能比你更好地成就自己，也别指望它会比你更有自信。

几年前，我看到过一项研究，比起死亡，多数高管更加害怕公开发表演讲。对此我很惊讶！你能想象到吗？为什么会这样呢？对于我们多数人，甚至是一些在某些领域取得巨大成功的人，这意味着我们仍然缺乏通往人生巅峰所需的全面自信。在很多领域，我们不敢奢望好的结果，因为我们过去曾在这些领域失败过。那么问题是，我们对此能做些什么呢？

一个领域的自信可以转移到其他领域

军队里通常会开设一门信心课程来帮助建立士兵的自信心。它由一些人为障碍组成，有时还配合其他一些精神上的挑战，每位参与者都必须成功解决一个障碍之后，才能继续挑战下一个障碍。全部障碍的难度和挑战性从中级向高级推进，如果方法正确就都能够完成，带给参与者信心，以便继续下一个挑战任务。有一个障碍要求受训者沿着悬崖索降 100 英尺⊖，还有一个障碍要求参与者跳出去抓住在水池上方晃动的绳子。如果方法正确，参加者就能抓住绳子并安全抵达，在另一面落下。动作如果不正确，他就会掉进水里。另一个障碍叫作"生死滑行"。将一条绳子的一头固定在池子边的一座 90 英尺高的塔上，另一头固定在对岸。参加者要跳出高塔，抓住固定在绳子上的滑轮。当他滑过水面上方时，眼睛要注视着一位挥动旗子发信号的人。发出第一个信号时，你必须抬起双腿，保持与水面平行，让身体呈现坐姿。发出第二个信号，你要松开滑轮，在水面上方 10 英尺的地方落下。然后像石子一样，跃过水面，落到对岸。如果不松手放开滑轮，你就会重重撞到对岸，并可能受伤。所以，你最好按照指示，放手落下。

尽管只是部分军事任务真正需要用到伞降训练，但伞降训练通常会受到鼓励。只要有人提出申请，他几乎都能够获得训练机会，理由一样：建立信心，即使他们并不会被派往伞兵部队，也应如此。我认识一位销售主管，他因为同样的原因，会在销售业绩不好时让他的多数销售人员参加跳伞训练。

同样，励志演讲家托尼·罗宾斯鼓励人们在火上行走。是的，这不是打字错误，我指的是，在烧着的煤块上行走 12 英尺或更长的距离。罗宾斯把这个研讨会称为"化恐惧为力量"，他明确表示，他不是在教人们哗众取宠的技巧，而是以"火上行走"作为比喻："如果可以做到自己都认为不可能的事情，那么你就能够完成自己认为困难或不舒服的任务。"

我这里说的是，建立信心的手段有多种多样，有些是商业性的，但是都能提高你的全面自信。

⊖ 1 英尺约 0.3 米。

身体健康促进信心的建立

乔治·巴顿（George Patton）曾讲过："恐惧把我们所有人都变成了懦夫。"他是对的。当我们疲惫不堪时，抵抗力就会下降，我们会做出更加糟糕的决定，于是我们变得更加胆怯。我们也不能很好地去应对压力。我们感觉会很糟糕，更不可能指望有好的结果。因此，所有军队都很强调军人应身体强壮，不管是办公室文员、海豹突击队员、还是游骑兵。如果你驻守导弹发射井，负责发射核导弹，对体能的最高要求可能就是按按钮。在这种情形下，体能上的要求并不足以让我们花大量时间、精力和资源进行锻炼，保持身体健康。但承担这类任务的人都清楚，事情远不止这些，身体健康对心理表现至关重要，并对完成"只是按按钮"这项工作相关的职责至关重要。

如果你的身体健康，气色就会更好，感觉会更好，也会有更多的自信。几年前，我看过一个电视节目，这是个虚构的故事，讲述一位年轻人努力完成哈佛法学院学习的故事。其中有一集讲的是关于两人一组的小组辩论。其中一组由法律班里的两位尖子生组成；另一组则由一位在西点军校受训过信心十足的陆军军官和一位聪明却胆小内向的学生组成。

西点军校毕业的军官渴望获胜。他期待着好的结果，而他的搭档，尽管很聪明，却一直想着他们为什么赢不了。终于，军官认识到，自己首先要做的就是增强搭档的自信心。于是，他让搭档进行身体锻炼，俯卧撑、仰卧起坐、蹲跳，运动量相当大。这位聪明的内向学生说："我们没时间做这个。我们必须准备好我们的论点和法律摘要内容，做这些和赢得辩论有什么关系？"

他的军官搭档告诉他："当然有关系！"几个星期后，这位内向学生的身体好起来了，获得了自信，他们一起赢得了那场辩论。我不知道是谁写了这个剧本，但他是对的。所以，如果你要培养自信，我建议你不妨考虑去健身。我听说，德鲁克坚持锻炼一直到九十多岁。我知道，他的妻子多丽丝·德鲁克也会健身，同时还会打网球。

刚开始时你可以慢一点，就像金克拉慢跑一样，一个一个地数信箱，然后，每天增加一个信箱的距离。或者你可以从练举重开始。做同一件事情，慢慢地增加强度。

德鲁克坚信，凡事皆可度量。他建议，先记下自己期望的结果，过后看看自己的真实结果，再过一段时间之后，看看自己所取得的成就。这样做，能让你明明白白地看到自己的强项和弱项。进步总让人鼓舞，并会帮你建立自信。

化劣势为优势

如果你真想建立自信，那就开始把劣势转变为优势吧。相信自己能够做到这点，你就知道自己能够做任何事情。早在20世纪初，当时最富有的人，钢铁巨头安德鲁·卡内基（Andrew Carnegie），委托了一位名叫拿破仑·希尔（Napoleon Hill）的年轻记者去探寻成功的奥秘。卡内基为他提供了一些美国最富有、最有名的人物的介绍，看看希尔是不是能够分析出，是什么造就了这些人的成功。希尔花了20年时间，最终完成了这项任务。其中的一个发现是，在每个问题、缺点、劣势或障碍之中，都隐藏着同样有用的机会或者优势。他发现，成功人士会发掘隐藏在问题之中的这些机会，并加以利用。他们似乎总会期待好的结果。后来，希尔写了一本畅销书《思考致富》（*Think and Grow Rich*），售出数百万册，至今每年仍有成千上万的人在看这本书。

企业家乔·科斯曼（Joe Cossman）在一次关门大促销中购买了10 000件时装首饰。每一件首饰都由一条手链和七块仿制宝石构成。很不幸，没有人愿意购买这样的首饰。由于一直对创新点子感兴趣，科斯曼参加了一个舞台催眠师讲授的催眠课程。他听到催眠师讲道："要诱导被试进入催眠状态，你需要一个关注点。这个关注点可以是任何东西，只要受试者能把注意力集中到上面就行。"

科斯曼问："仿制宝石可以吗？"催眠师说："当然可以。"科斯曼说："突然间，我觉得到我有 10 000 个这样的关注点。"科斯曼和催眠师达成交易，他让催眠师把催眠诱导内容和其他信息记录在碟片上，附上一些印刷说明，并通过免费赠送诱导物"催眠宝石"让学员的购买。科斯曼这种通过把劣势转变为优势的做法，使他卖出了数万件首饰，赚了 100 多万美元。1957 年，我还是学生的时候，就是科斯曼的客户。

这些都是偶然的，但并不完全如此。只要你认识到，不论问题有多难，总会在问题中隐藏着各种解决办法，能为你带来更多收益。此外，知道问题中总隐藏着解决办法（其实总是这样的）的这个事实，在任何情况下，都能大大增加你的自信。

一旦有了自信，就能树立远大目标

人们不会为了无关紧要、毫无意义的目标而赌上一切，至少在他们能控制住自己的时候是这样的。各种类型组织中的人都是这样。他们不想为了琐碎的事情，而只会为伟大、重要的事情去努力工作，做出牺牲。但所谓的伟大和重要没有具体的限度。成功的领导者有强大的愿景和目标，目标十分远大，通常看似难以实现，并且总是非常重要。这样，他们的组织就几乎没有什么任务是完成不了的，因为你和他们一样，都期待着好的结果。

这个理念也可以用于销售。最近，夜莺公司（Nightingale Corporation）就在利用这个理念推销一种产品：

"招募探险旅行者。低报酬，长工时……"

这里指的是另一则由探险家欧内斯特·亨利·沙克尔顿爵士（Sir Ernest Henry Shackleton）在20世纪初刊登的广告，当时他在招募能够协助他完成寻找南极极点之旅的伙伴。这则广告吸引了5 000多人前来应聘，他从中选出了自己需要的一小队人员。1911年12月15日，历经艰险（他在广告里没有说谎），他终于和所招募的队员一起，完成了这项壮举。

皇家空军有句意思相似的格言："只要能想到，就能做得到。"（What man can conceive, man can achieve.）注意，这句格言没说"达到某一定的量"或"达到某一个点"。如果你能够想到，你就能够做得到。就这样！

乔治·华盛顿（George Washington）被公认为"美国国父"，因为他有信心去抵抗当时的超级大国——英国。他构想了一个全新且自由的国度。即使在最艰难的时期，他仍保持着这个愿景。如果他在所面对的艰难斗争中失败，可能已被绞死。其实，尽管大陆会议（Continental Congress）在1775年6月任命他为总司令，他也只是一位士兵的司令：他自己。当时，根本没有什么大陆军。如果国会改变态度，决定向英格兰国王乔治三世（George Ⅲ）妥协，华盛顿就得被迫接下这个烂摊子，成为最明目张胆反对英国王室的叛徒。但正是华盛顿的自信让他坚持抗争了6年，历经无法想象的困难，最终取得了胜利。今天，华盛顿的故事继续激励着美国人民，也激励着世界上的其他人。

如果你想成为成功的管理者，或者像德鲁克这样的专业人士，建立自信就是一个很好的开始。记住，你不可能在弱势上，而只能在优势上建立自信，并且任何一种优势也都来自自信。

第14章
制定和实现目标：规划与策略

PETER DRUCKER'S WAY TO
THE TOP

目标管理的确有用——前提是你要知道目标是什么。但百分之九十的时候,人们并不知道。

——彼得·德鲁克

德鲁克非常喜欢制定并且实现各种目标和目的。这不足为奇，是他最早创造了"目标管理"，也就是"MBO"这一术语，并在1954年出版的《管理的实践》一书中首次加以推广。有人说，它的基本理念可追溯到玛丽·帕克·芙丽特（Mary Parker Follett）在1926年发表的文章《下达指令》（The Giving of Orders），[⊖] 以及其他提出类似理念的人。但似乎只有德鲁克把所有东西整合到了一起，通过为员工设定要实现的具体目标，从而形成一个更好的管理和衡量员工绩效的体系。他自己也说到做到，一生中不断制定并实现自己的各种目标。

目标管理的兴起

很多大企业采用了目标管理（或目标）体系，却遭到了评论家的猛烈批评。他们指出，在实施该体系期间，很多情况都会发生变化，继而事情的轻重缓急也会发生变化，任何目标或目的的优先等级都可能会降低，甚至会变得无关紧要。德鲁克驳斥了这种说法，理由是目标管理不是一个"定好就忘掉的体系"，因为目标需要不断进行审核与调整，否则，正确的目标就可能被员工和制定该目标的主管遗忘。

⊖ Follett, Mary Parker. "The Giving of Orders". *Scientific Foundations of Business Administration* (1926): 29-37.

目标需要经常审核

我们需要了解的第一个目标要素就是需要定期审核。有时候，我们不是需要改变目标，而是需要改变实现目标所用的策略。在其他情况下，由于环境或生活发生了变化，原有的目标需要放弃或做出重大调整，并用新的目标来代替。就像德鲁克一样，由于希特勒上台，他放弃了去科隆大学教书的目标。这表明，在放弃或以其他方式改变目标之前，你首先应弄清楚是不是需要调整策略，并保持目标基本不变。

有明确的目标，才可能获得成功

这就把我们带到了全面定义每个具体目标的重要环节，你如果不知道具体目标是什么，肯定不可能实现目标。因此，全面定义每一个目标非常重要。定义目标，应该用所需要的尽可能多的描述性词汇，并应包括实现每个目标的具体时间。如果没有完整地定义目标，在通往包括目标管理在内的实现目标的过程中，肯定得不到最好的结果。

审查可用资源

我们还需要审查每个目标，确定实现每个目标所需要的资源。如果暂时缺少某一资源，只要能在实现目标所规定时间内获得该项资源，就没什么问题。德鲁克有法兰克福大学的国际法博士学位，原因是德鲁克需要在任意一个领域获得一个博士学位，以实现他的总体目标，而法律博士是最容易且能够在最短时间内获得的博士学位。你的目标也许不一样，并且你的直接目标，如果是攻读博士学位，可能是最难实现的目标之一。

防患于未然

在确定目标时，我们必须考虑实现这些目标所面对的障碍。这个问题的处理在整个过程中越早越好。德鲁克最初的目标是在科隆大学获得教授职位，但在希特勒上台后，德鲁克的犹太裔背景会妨碍他实现这个目标。德鲁克完全理解身在纳粹德国所蕴含的风险。他觉得这个障碍的最好解决办法是先移民到英国，并且要走得更远一些，到美国去，每一步他都在调整自己的目标。回顾历史，这显然是正确的决定，当然这样做推迟了他实现在著名大学当教授这个最终目标的实现时间。这还表明，我们需要留意对各种障碍的假设，并应在每一个环节中全面、客观地分析它们，以避免出现想当然的情形。

依靠他人

按照这些方法，我们有时候需要依靠他人的帮助以实现部分目标，有时也会帮助他人去实现他们的目标。我们需要考虑各种情况的发生。万一我们所依赖的人或愿意为我们伸出援手的人没有帮助我们，该怎么办？我们需要提前考虑到这一点。在确定目标和认清障碍的同时，你需要搞清楚所有的可能情况以及相应的替代方案。当然，目标定好之后，不可能自动实现。这就需要规划来起作用了；你需要制订各种计划，以实现自己的目标和目的。规划就是路线图，会把你从现在的位置带到你想去的地方，实现想实现的目的，以及完成想完成的目标。

规划：如何实现自己的目标

规划工作富有挑战性，好的规划需要从多方面收集信息。它与解决"如何进行"的战略和战术结合使用，以实现具体的目标和目的。制定过程并不复杂，但需要大量的精力和良好的组织。

组织规划的方法有多种多样。它适用于生活的规划，以及制订项目方案、营销方案或其他各种类型的方案。有人会说，遇到各种挑战、机会和威胁时，你只需勇往直前，想出办法就行。的确，你最终都必须这样做。但在执行计划的过程中，提前考虑可能会遇到的问题是有道理的。如果开始之前就发现问题所在，你就可以避免很多障碍和威胁，利用众多的机会。即使你做不到，最好在开始之前就准备好行动计划和备选方案，而不是在实施过程中，才顶着时间和执行方面的压力，处理本可以预料到的问题。

我说过，组织规划的方法有多种多样。下面这个方法是我在结合德鲁克及其他人所推荐的各种理念的基础上设计出来的。

简　　介

简介是对规划内容的解释。其目的是介绍项目背景，并描述具体情形，这样就能准确了解自己具体打算做些什么。

形势分析

形势分析源于对自己所面临环境和形势的深入细致的观察，包括如政治形势、金融形势、经济形势、竞争优势、市场趋势、新技术等方面的大量信息。

问题和机遇

这部分内容是概要说明，强调前几节已经介绍过的要点。你在制订计划并开展形势分析时，应该涉及所处情形中固有的各种问题和机遇。先把各种机遇放在一起，然后再把问题集中起来。说明为什么是机遇或者是问题。你还要讲清楚准备如何利用每一次机遇和处理每一个问题。

目标和目的

目标和目的是你在计划中想要取得的成果。在这里，你必须详细描述自己真正想要做的是什么。

目标和目的之间的区别是什么？目的是总体的目标，它更宽泛、可能无法量化，但目标通常可以量化。

战　略

这部分应该讲清楚你要做些什么来实现自己的目的和目标。你可以谈谈自己的战略所要面对的障碍，以及自己将如何克服这些障碍。

战　术

与战略告诉你必须做什么才能达成目的一样，战术告诉你应该如何执行该战略。列出上文中描述的每个战略执行所需采取的行动，以及实施这些行动的时间安排。

执行与控制

在执行与控制这一部分内容中，你要预测各种有价值的信息，以便在项目启动之后对其进行控制。你需要这些信息来确保项目处于正轨。因此，当超出预算时，你应该知道在哪里削减开支，或者如何重新调配资源。

执行计划的战略

德鲁克反对运用任何数学公式来计算战略。他甚至从不谈论曾经非常流行的，由现金牛、明星、问题和瘦狗四部分组成的四元波士顿矩阵。他的理由是，按照四元矩阵给出的建议，无一例外会得出收购是主要的解决方案。但如果收购企业除了获得所有权之外没有任何贡献，那么收购的结果也不会好。

德鲁克坚持认为，在任何情况下都必须仔细思考战略问题，并把资源集中到重要的地方，放弃各种潜力不够的业务或项目。

因此，在德鲁克的课堂上，你看不到他用卡通图片或曲线来填充各类矩阵，或者用矩阵来指导战略家采取哪一种策略。他坚持认为，战略家需要运用自己的大脑，仔细分析各种行动及其后果，而总体决策取决于高管的直觉，定量分析只不过是由直觉演化而来的最终战略的输入因素而已。

制定战略的重要原则

战略很重要，因为只要运用正确的战略，加上恰当的战术，就能在包括商业活动在内的任何人类活动中挑战不可能，实现非凡成就。

很多专家相信，制定战略是有一定原则的。但不幸的是，并不存在让所有战略家都认可的原则，以下 10 条是我的著作《战略家的艺术》(*The Art of the Strategist*)中用来帮助人们制定战略的原则。⊖有些原则曾被德鲁克推荐过，也被他使用过；有些则源自他人，但我把它们和德鲁克所用的战略结合起来了。

⊖ Cohen, William A. *The Art of the Strategist: 10 Essential Principles for Leading Your Company to Victory* (New York: AMACOM, 2004).

1. 全身心投入某个确定的目标

环顾四周，你会发现总有人在做他们本不该做的事情。但他们如此执着于这个确定的目标，往往超乎人们的想象，他们的战略很成功，于是他们也取得了成功。政治领域有大量类似的案例。很多人认为奥巴马不可能赢得竞选。特朗普的当选则是最新的例子。你知不知道，亚伯拉罕·林肯原本没有任何可能当选美国总统？但这些事怎么就发生了呢？我们之前已经讲过，其原因在于战略的一个根本原则：全身心地投入某个确定的目标。

2. 采取主动，坚持主动

如果你不尝试、不采取行动，什么都不可能发生。要等到你有时间或者条件非常成熟之后才去做事，必然以失败告终。W. 克莱门特·斯通（W. Clement Stone）白手起家，创建了一家市值数亿美元的国际性保险公司。他坚持认为，想要克服拖延症，只需要对自己说这三个字，然后照着它们行动："马上做！"

在任何行业或组织中，奖励都只会给予那些积极主动的人，这有什么奇怪的吗？那些坐等事情发生，或等着别人发号施令的人很少有成功的。盯着竞争对手，由他们来主导自己行动的战略家，同样很少有成功的。

3. 有效利用，集聚资源

卓越的商业战略家会集中自己的资源，将其用到重要的地方。他们知道，自己不可能在每个领域都集中精力，强大无比。微软创始人比尔·盖茨白手起家，创立了世界上最成功的技术公司，也成为美国最富有的人。盖茨在接受《财富》杂志采访时曾说："要知道，想想一个觉得玩软件很酷的孩子，最终创立了一家聚集着众多聪明人才的公司，他们的软件能为数亿人所用，真的很了不起。我很幸运有这样的条件。我也明白，只有专注才能做到世界一流，不论你有多么能干。"⊖

如果我们拥有的资源比竞争对手更多，那么我们一开始就占据了优势。我们要集中这些资源，如资金、人力、时间、技能、技术诀窍、影响力或其他资源，把它们聚集到一起，用到一处，或者在合适的时间，用到合适的地方。

4. 采取战略定位

战略定位是对实现明确目标具有重大意义的关键节点。有些战略定位原本已经很明显，但依然在激烈的商业竞争中被忽视。例如在电子商务狂热时期，网络公司在网络上到处做广告。可是，尽管有其他因素影响人们对广告投放的决定，这些公司本应该节约其他方面的开支，把资源集中到这些网站上，这是基本常识。但是，自以为是的顽固战略家仍不断违反这一原则，可想而知，结果必然不尽如人意。

5. 做意料之外的事情

不论是大公司还是小企业，甚至是个人，都没有任何区别。你都可以运用勇气与创造力创造惊喜，并赢得胜利。

2003 年秋季，在加利福尼亚州罢免选举（recall election）的预备阶段，很显然，如果阿诺德·施瓦辛格（Arnold Schwarzenegger）决定参选，他肯

⊖ Schlender, Brent. "All You Need Is Love, $50 Billion, and Killer Software Code-Named Longhorn: An Up-Close Look at Why Bill Gates Still Holds the Key to Microsoft's Future". *Fortune*, 8 July 2002, https://for.tn/2vt2KfM.

定会是一位重要的候选人。可是，有传言说施瓦辛格的妻子玛利亚·施赖弗（Maria Shriver）不希望他参加选举。有好几个星期，媒体都在报道施瓦辛格将在美国全国广播公司（NBC）的《今夜秀》（The Tonight Show）节目中宣布自己不参加选举的决定。

施瓦辛格露面的当晚，主持人杰·雷诺（Jay Leno）先向观众们做了介绍，并讲了几个笑话。接着，当摄像头对准施瓦辛格时，全场立刻安静了下来。他开始解释，说这是一个艰难的决定。正当施瓦辛格开始宣布他的决定是什么的时候，屏幕突然一片空白，出现了美国全国广播公司从20世纪50年代沿用至今的黑白标志，上面写着："我们遇到了技术问题，少安毋躁。"当施瓦辛格再次出现时，他已经讲到结尾部分了："这就是我为什么做出这个决定的原因。"

其实，整个事件就是个玩笑。施瓦辛格又说了几个笑话之后，才出人意料地宣布自己一定会参选。据《洛杉矶时报》报道："他的声明就像他出演的电影一样，产生了爆炸性的效果。"⊖ 让人兴奋的结果是，这位新候选人获得了极大的媒体关注，让竞争对手和现任州长格雷·戴维斯（Gray Davis）非常震惊。州长正想方设法避免这次罢免选举呢。施瓦辛格借着这个势头，一路高歌，入主州政府大楼。

6. 保持简单

博思艾伦咨询公司（Booz Allen-Hamilton）的一项分析表明，在每个行业中，大型的传统企业都会在战略上犯同样的错误：过于复杂化自己的业务。它们制定出来的企业经营战略太过复杂，几乎丧失了全部利润空间，这自然

⊖ Mathews, Joe and Doug Smith. "Role Reversal: 'Predator's' Prey Stalks Statehouse". *Los Angeles Times*, 7 August 2003, A24, https://lat.ms/2vqutOl.

让它们变得很脆弱。这些市场领导者苦苦挣扎于自己所设计的复杂商业模式之中，而规模更小、更灵活、战略更简洁的竞争对手则纷纷以更低的成本来满足客户需求，侵吞它们的市场份额。

根据博思艾伦咨询公司的分析，美国大型航空公司就是因战略复杂而失败的典型例子。完成 500 英里的飞行，这些大公司平均每座位每英里的飞行成本是廉价航空公司的两倍。其原因是为了把每位旅客送到任何地方，导致它们需要建设大量的硬件设施、购买各种不同型号的飞机、建立昂贵的信息系统，还要雇用大量劳动力。⊖ 所以说，一定要让自己的战略简单！

7. 让对手进退两难

博弈论（game theory）中有一个囚徒困境的例子：两名男子抢劫后被捕，地方检察官（DA）知道这两人都有罪。在逮捕他们时搜出了受害者的钱包，符合抢劫犯的定性要求。两人先前都有过用同样方式犯过类似罪行而被判刑入狱的经历。不幸的是，由于当时天色很黑，受害者没能从警察安排的列队人员中正确指认出他们。

这两位囚犯被分开关押，彼此不能沟通。检察官找到其中一个，与他做交易。由于两位抢劫犯的身份都没确定，如果他愿意指认另一人，他就会被释放。当然，他的同伙就得进监狱。

检察官让这个嫌疑人好好考虑这个提议。如果他什么都不做，他和同伙即使没有被正确指认出来，也可能会因为其他原因而被定罪入狱。如果他指认同伙抢劫，同伙进监狱，至少他自己会被释放。这个嫌疑人正准备这么做时，突然意识到检察官用了一种策略使他处于两难之地。检察官很可能也向

⊖ Hansson, Tom, Jürgen Ringbeck, and Markus Franke. "Flight for Survival: A New Operating Model for Airlines". *Strategy+Business*, 6 December 2002, https://bit.ly/2M3GwuD.

同伙提出了同样的交易要求！如果两人相互指认对方抢劫，他们都会进监狱。但如果他没有指认同伙为抢劫犯，而同伙指认了他，那么他进监狱，同伙获释。检察官是位聪明的策略家，他布了个局，无论抢劫犯怎么做，他都会赢。他运用的原则就是让他们左右为难。对检察官而言，最糟糕的情况是两人都拒绝指认对方。检察官无论如何都已经处于这个情况了。所以要看看，你能不能让竞争对手处于两难的境地。

8. 采取间接策略实现目标

这种间接方法由英国战略家利德尔·哈特（Liddell Hart）提出。他说，间接接近竞争对手要比正面交锋好得多。如果看过魔术表演，你可能会对魔术师神奇的表演才能感到很好奇。其实，变魔术就是运用了间接法。当你的注意力受他误导去关注一些无关紧要的事物时，魔术师就完成了那些在你不分心时很容易识破的动作。

9. 时间安排与先后顺序

时间安排对于很多领域都至关重要，立即出现在我们脑海里的有体育、政治和军事等，但在商业领域，尤为重要。在错误的时间做正确的事情会导致金钱、时间和精力的巨大浪费，不会有好的结果。在有些人看来，这样做是没有头脑的表现。然而，其他一些貌似精明的商人却认为，所付出的金额更为重要。即使他们认识到合适的时间在有些领域更为重要，比如季节性投放广告，但总体上并非如此，可他们却坚持了。其实，他们完全错了。

让我们看看一些完全不同的事情，比如用来激励员工的简单策略：金钱奖励。在这种情形中哪个选择更为重要：是给他们多少奖励，还是什么时候给他们奖励？新泽西州萨默塞特市一家出版公司的老板小威廉·T.奎因（William T. Quinn Jr）希望以金钱奖励的方式激励员工。他发现，给加班员工或模范员工发放奖金时，重要的是奖金发放的时间，而不是奖金的数额。重要的是要在员工感觉压力最大的时候发给他们奖金，并且要当场发放，不要等到将来某个时刻对大家进行集中奖励。㊀

这个发现是有心理学基础的。要激励某个人，你所期望的行为和奖品之间的联系应尽可能紧密。毫无疑问，时机的重要性远远超过作为企业激励因素的奖金金额。在错误的时间做正确的事可能是灾难性的。你必须把时间安排作为战略思考的首要原则。

10. 运用过往的成功

成功的过程通常两个阶段。第一个阶段，临界质量（critical mass）或者已经存在，或者需要创造出来。这个临界质量就是我们努力实现成功时所处的环境。把质量发展到关键阶段可能需要几年、几个月、几天，或者只需要几个小时。

在继续追求成功的过程中，起初可能什么都不会发生，或者只发生一点点。突然就到了第二个阶段，似乎一切都在瞬间发生。就像核链式反应，环境质量到了超临界状态。也正如连锁反应导致的核爆一样，如果这个时候我们把事情做好，就能取得彻底的胜利。

由于第二阶段的事情发生得很快，使人感觉成功可能只是一瞬间的事情。但是进一步对任何成绩展开研究，我们会发现，只有在接近成功时，速度才突然加快到近乎光速。无论早期阶段持续了几年还是几天，第一阶段的进展

㊀ Inc. Staff. "Instant Gratification: Timing Is the Key when Handing out Motivational Dollars for Morale and Motivation". *Inc. Magazine*, January 1989, https://bit.ly/2AQUCLe.

速度都会显得很慢。

不幸的是，由于这两个阶段在时间上的不同，我们可能会掉入两种陷阱，阻止我们所要的成功的到来。第一种陷阱，由于第一阶段可能极其缓慢，我们没有认识到质量正逐渐到达超临界状态。这样，我们可能会在连锁反应发生之前放弃这个过程，于是永远实现不了我们想要的成功。但也可能发生另一种陷阱。我们没有利用自己的成功来获得最大的收获。这两个都是重要的战略问题，忽视它们将妨碍我们的成功。

我们再看看另一个历史事件，这是发生在一个组织里的事。利华兄弟公司（Lever Brothers）是伦敦联合利华（Unilever of London）的子公司。我们刚开始研究的时候，它还是一家全球巨头。20世纪20年代末，它的很多产品在美国的销售都很成功，现在它又准备在美国推出一款新产品。蔬菜起酥油产品当时看似潜力巨大。利华的竞争对手宝洁（P&G）已经推出了一款名为科瑞（Crisco）的产品，表明这种产品的市场的确存在。科瑞已经占据了市场，这表明还不存在其他大型竞争对手或者竞争性产品与之抗衡。而当时美国的商业和经济条件似乎非常好。

对形势进行深入分析之后，利华兄弟公司还发现了科瑞的弱点。尽管主妇们普遍喜欢科瑞，但有些特性是她们始终不喜欢的。科瑞冷藏后就会变得很硬，难以使用。办法只能是不冷藏。对宝洁公司和家庭主妇们来说，很不幸的是产品不冷藏就会很快变质。它的颜色也不是始终如一，虽然主妇们普遍喜欢纯白色，可是科瑞的颜色更像是带点脏的白色，这种食品会让人失去食欲。此外，包装的罐子尺寸也不统一这一点也让家庭主妇感到讨厌。

看到机会，就制定出战略

纵观制定战略的各条原则，我们就能发现有些原则是如何与当时的情境变量相互融合的。利华兄弟公司抓住了主动权，投入到一个明确的目标之中。它计划把资源集中到研发蔬菜起酥油这个战略定位上。而宝洁公司以为，自己产品科瑞的地位几乎坚不可摧。当你实施的战略涉及已有竞争对手或潜在对手的时候，有这种想法是很危险的。很显然，宝洁公司没有注意到这些问题，产品推出后没有进行深入的消费者调查。还不止这些，该公司居然还在产品质量控制和包装上出了问题。宝洁公司以为，即便像利华兄弟这样的主要竞争对手，也不可能推出类似产品与科瑞展开竞争。在宝洁公司看来，科瑞不可能有任何形式的弱点。利华兄弟公司正是利用了这个错误观点，推出了自己的产品——斯普瑞（Spry），充分利用了科瑞的各种缺陷。斯普瑞的推出彻彻底底打了宝洁公司一个措手不及。㊀

利华兄弟公司掌握各种资源并加以利用

利华兄弟公司确定了哪些情境变量能够被加以利用，并着手行动。联合利华在制作肥皂方面在欧洲取得了重大技术进步，该技术可直接转化到蔬菜起酥油的生产工艺中。科瑞用户所关注的问题被利华兄弟公司轻松解决。这些都只需要通过更加严格的质量控制就能得到解决。在财务资源和专有技术方面，利华兄弟公司也有优势，甚至还拥有额外的重大优势。

利华兄弟公司在领导层面还有秘密武器

1913 年，弗朗西斯·康威（Francis Conway）就任利华兄弟公司总裁，公司当时的销售额只有 100 万美元。到 20 世纪 20 年代后期，其销售额就超过

㊀ Robert F. Harley, Marketing Successes, 2nd ed. (New York: John Wiley & Sons, Inc., 1990) pp.68-78.

了 4 000 万美元，这主要归功于他的领导。康威是一个称职的领导，克服了任职期间所遇到的每一个重大问题。此外，他对英国母公司的领导层也颇有信心。联合利华投资兴建加工厂来生产这种产品。到了 20 世纪 30 年代早期，利华兄弟公司已经做好准备，开始迈开扩张的步伐。

进入预料之外的情景

经济大萧条（The Depression）始于 1929 年 10 月，就在利华兄弟公司推出产品之前。到 1930 年中期，迹象已经很明显，这个危机不可能很快结束。利华兄弟公司已经计划好推出该产品，为此公司受到了来自内部和总部的巨大压力。至此，公司已投入大量资金研发新产品斯普瑞，他们想要继续。然而，康威清楚自己的战略以及时间选择的重要性。于是他决定再等一等。同时，他注意到，尽管处于大萧条期间，科瑞的销售并没减少，由于需求保持不变，蔬菜起酥油这个产品仍将会盈利。在斯普瑞暂时被搁置期间，对产品的微调并没有停止，对最佳促销方法的研究也已经开始。

产品发布

1935 年底，猪油和黄油价格上涨，使得价格更高的起酥油产品具有了更多的价格竞争优势。利华兄弟公司不打算和宝洁公司在价格上开展竞争，这当然会很直接。相反，尽管是和基本相同的产品进行竞争，利华兄弟公司采取了间接的方法，即新产品斯普瑞产品克服了科瑞产品中存在的消费者关注的但生产者没有注意到的各种问题。因此，斯普瑞从上市那天开始，就不存在科瑞产品仍然有的各种问题。

康威在公司的其他支出上节衣缩食，集中资源，发起一场大规模的促销战。那时候，传统的促销方法是给新产品做广告，让消费者慢慢接受它们。但康威没有这样做，而是一开始就全力以赴。公司安排销售人员挨家挨户地分发罐装样品和免费的斯普瑞食谱，折扣券和广告甚至做到小镇的报纸上。康威还开办了一所流动烹饪学校，在全国各地巡游，为大家提供两小时的展示课。宝洁公司被打得措手不及，尽管后来他们改进了产品及其生产流程，但再也没能夺回已经失去的市场份额。尽管开始的时候，宝洁公司似乎拥有压倒性的优势，但康威和利华兄弟公司把相关变量与战略原则很好地结合起来，利用各种现有资源，制订并启动了一项明确的计划，让斯普瑞产品取得了成功。

德鲁克坚持认为，规划从来都是不容易的，然而，即使是看似不可能的目标，只要好好规划，并且战略正确，都能取得成功。德鲁克仔细分析了自己的职业方向，通过规划和正确的战略抵达了人生的巅峰。没有现成方案可参考，都是他自己想出来的！

第 15 章
成为变革型领导者，不断创新

创新就是创造变化。
——彼得·德鲁克

德鲁克曾经说过，只有两个要素在驱动所有企业的发展：创新和营销。这两个基本要素在自我发展和个人成功方面同样必不可少。但你需要同时做好这两件事，才能抵达人生的巅峰。我们将在本章讨论创新，并在下一章探讨个人营销。这两个要素在任何环境下都能帮助我们抵达巅峰。

德鲁克坚信，任何因循守旧，指望复制过去成功之路的组织，必将遭遇失败。要使组织生存并获得成功，就要成为变革型领导者，并且实施创新。他表示，不仅个人要这样做，组织也应同样如此。仔细观察德鲁克职业生涯中的转变，他的研究重点和分析结论多次发生突然改变，就证明了这一点。20 世纪 50 年代，他重点关注领导力方面的研究，并得出结论，领导力是学不会也教不会的。40 年后，他完全改变了这一看法，提出了新的观点，但意思却完全相反：领导力不仅可以学会，还一定能够教会。

人们也可以看出，在整个职业生涯中，他与小企业和创业有过短暂接触，从大企业管理，再到非营利组织管理等，一路走来，他所关注的重点多次发生重大转变，这些转变一直持续到他漫长职业生涯的终结。

没有变革型领导者的组织会怎么样

这样的案例随处可见，组织负责人如果未能成为变革型领导者，必然导致组织的灾难。曾经非常成功，如今却销声匿迹的组织比比皆是。铁路公司，曾是美国人民的运输之王，如今已经倒闭，基本被航空公司取代。它们的总裁把公司完全当成自己使用的工具，而不是满足人们"运输需求"的公司。

最近，像百视达公司（Blockbuster Video）、鲍德斯书店（Borders Books）、电路城公司（Circuit City）、泛美航空公司（Pan American Airways）和玩具反斗城（Toys"R"Us）之类的公司，都因没有创新，不能顺应形势的发展进行改革，而最终销声匿迹。

美国有一家已经倒闭的政府机构，即美国国家银行（United States National Bank），曾一度拥有全部财政资源，是当时规模最大、（也许是）最为重要的政府机构，就像现在的联邦储备委员会（Federal Reserve Board）。在有些方面，它甚至更为强大。它获得国会特许，拥有长达20年的经营时限。这家银行的设立是因为1812年战争所造成的巨大战争债务，各州立银行发行的货币量不断增加，从而导致通货膨胀加剧。该机构的运行效率非常高，不仅在国家成长时期非常重要，而且管理良好，因此广受欢迎。在该银行解散前的20年曾开展过一项调查，有12.6万人签名支持银行继续获得经营授权，而只有1.7万人表示反对。该银行在美国最发达的地区最受欢迎。

问题出在组织架构上。在银行特许设立之初，和普通银行一样，其管理层对某个董事会负责，而不是对美国总统或国会负责。国会支持该银行在1832年再次获得经营许可，选民也普遍支持。但安德鲁·杰克逊总统（Andrew Jackson）否决了国会提出的再次授权法案，并撤出了所有政府资金。他有权这么做，但理论上这是控制银行的董事会的职责。因此，几乎在顷刻之间，这家曾经非常强大和成功、运行良好的美国国家银行关门歇业，从美国人的视野中永远消失。

个人创新同样重要

像德鲁克的行动所展示的那样，个人创新至少同样重要。这不仅适用于各类组织，在与我们更加密切相关的个人层面，同样如此。

好的创意

作为个人，我们同样会面对各种巨大危险，如果缺乏创新，前进步伐也会停止。如果你领导一个组织，没有创新，组织就不可能成功，即使过去做得不错，管理有效、人员合格，且受到客户、同事和监管机构的喜爱。我们能做些什么？能不能把所有人召集起来，开展各种心理医生和其他各类专家所推荐的头脑风暴？也许你自己或者组织中的其他人突然产生一个绝妙的创意，立即获得采纳，组织中每一位成员都表示支持，而无须浪费时间去开会讨论或做各种深入分析，这是否可能？

为什么好的创意常常会失败

德鲁克认为，和他人一起分析问题是一种可行的应对策略。但他又提醒我们注意，总会有更好的创意，比起时间、金钱和员工等这些制定策略所需要素更为重要。我清楚他的想法，所谓"好的创意"（bright idea）中往往隐含内在危险。"好的创意"是德鲁克用来指某种创新的一个术语，该创新没有经过深入评估，只是"天马行空"的陈述，没有经过充分论证或分析，就被大家接受并投入实施。德鲁克并不反对这样的看法，仅仅拥有好的创意，人们仍可能取得巨大成功，并且他也乐意给我们举出这样的例子，用来表明有不少好的创意为其提出者带来了数亿美元的财富。但他又说，这些都是例外，其实应该忽略不计。

德鲁克说："问题是，这些好的创意却是创造性机会的风险最大和最不可能成功的来源。"据他估算，可能只有1/500的人能收回投资成本，并且说，依赖这类好创意进行创新，就如同在拉斯维加斯赌博，几乎注定将导致类似的结果——失败。他坚信，正确的解决办法是运用7种准确的创意来源进行系统分析。他说，这就是有的放矢的创新，所有人都应该这么做，而不管我们是什么专业、学科或职能部门。他建议我们要避免这类"好的创意"。[一] 他自己也是这么做的。那么他推荐的方法是什么呢？就是下面这 7 种创意来源。

第一：意外

德鲁克说，意外是创新成功最丰富的机会来源，可许多组织的个人和各领域的管理人员不仅忽视了这一点，还经常有意回避和拒绝。采用意外的创新能带来巨大的收益。二战期间，橡胶需求巨大，但敌人控制了橡胶的主要来源，美国非常绝望。虽然有合成橡胶，其价格却很昂贵。1943 年，一位通用电气的工程师把硼酸和硅油混到一起，生产出了原胶，但因为不能硬化使替代合成橡胶的尝试最终失败。但这种材料具有意想不到的特性，它落到地上会反弹，可以拉得很长却不会断掉，把它压在报纸的印刷图像上面，图像会转移到它的表面。工程师把这种特性展示给经理看，他不屑一顾地让工程师把材料扔了。

战争结束后的几年时间里，人们对这种产品却口口相传，一直把这个意外的发明当作聚会中的玩具。一天，一位名叫彼得·霍奇森（Peter Hodgson）的广告人发现了这个产品，当时他正在为客户寻找新颖的玩具。他投资 147 美元，把这个"液态固体"包装成一盎司重的圆球，并给它起了个新名字。于是，"橡皮泥"就成了史上最成功的玩具之一，声名鹊起。霍奇森和他的赞助者也赚得盆满钵满。即便是玩具，创新仍然是成功的关键。

我们不妨来看看伊士曼柯达公司（Eastman Kodak）的工程师小哈里·库弗（Harry Coover, Jr）的故事。他让一位实验室同事尝试用氰基丙烯酸酯来

[一] Drucker, Peter F. *Innovation and Entrepreneurship* (New York: Harper & Row, 1985), 130-132.

作为制造喷气式飞机座舱盖的耐热聚合物。这位同事在读取数据时不小心把两个棱镜撞在一起，意外地毁坏了一台昂贵的仪器。他以为自己要被炒鱿鱼了，但库弗却试图用这种聚合物把所有东西粘回去。这不仅有用，而且粘得非常牢固。库弗认识到，顺着这些意外的结果，他们已经发现了一种非常强的黏合剂。1958 年，伊士曼柯达公司开始销售这种强力黏合剂，现在这个产品在全世界被称为超级胶水。㊀

第二：不一致

不一致也可能是意外的，但方式独特。你期待某个结果，但结果恰恰相反。"相反"是关键词。它不必是一种产品；通常，它与经济后果有关。20 世纪 50 年代，有人发现主导市场的企业利润更高，这导致了组合管理和著名的波士顿矩阵（Boston Consulting Group's matrix）的产生，追求较高的市场份额，成为"现金牛"或"明星"。因此，如果能获得巨大的市场份额，就能获取成功和高额的利润。唯一的问题是，这个矩阵没有什么用。一家仅有 96 名员工的小公司（ICS）看到了这种不一致性，发现了问题所在。它取决于如何定义市场以及关注客户。如果大型企业选择了过于宽泛的市场定义，小企业就能在市场上击败大企业。因此，在强大的 IBM 公司主宰大型计算机市场的时代，ICS 公司专注于为教育市场研发小型计算机，主导了这个利基市场，IBM 后来被迫从该市场退出。这也是一种创新：利基营销。

最近一段时间，著名的星巴克咖啡店陷入困境，因为它们把关注点放在扩张而不是客户身上。危机过后，首席执行官霍华德·舒尔茨在接受凯蒂·库里克（Katie Couric）的采访时说："我们把扩张当成了战略，而不是服

㊀ McLellan, Dennis. "Harry Wesley Coover Jr. Dies at 94; Inventor of Powerful Adhesive Super Glue". *Los Angeles Times*, 31 March 2011, AA4, https://lat.ms/2nh7aCa.

务。"㊀ 扩张给星巴克带来了巨大损失，舒尔茨事后发现了问题，并扭转了局面。

我的西点军校同学弗雷德·马利克（Fred Malek）在担任尼克松政府的行政官员时，就与当时的陆军少校科林·鲍威尔一起谋划，利用政府同僚对扩张的欲望来谋得自己的优势。马利克遇到了问题，他身居人力与预算办公室（OMB）副主任的位置，却无法施展手脚。由于层层官僚占据着众多关键的岗位，导致他的工作效率低下。早些时候，他就发现了这位当时的白宫实习生兼陆军少校科林·鲍威尔，于是他任命鲍威尔为自己的行政助理。㊁

让鲍威尔将军来接着讲这个故事。"马利克开始着手控制这个政府部门，所用手段让这位初出茅庐的学生大开眼界，……他先在重要联邦机构的关键'行政助理秘书'岗位上安插自己的人。内阁官员只需要负责演讲、参加各种剪彩活动和媒体见面会等，而那些忠于马利克的默默无名的助理秘书则每天都在为各种事务忙碌，尼克松政府很喜欢这种景象。……我在马利克教授的研究生论坛上真的学到很多。"㊂

然而，官僚们早就在人力与预算办公室中占据了众多岗位，不可能增加预算，为马利克想招纳的哈佛、斯坦福和沃顿的年轻毕业生提供更多的岗位。于是，他又一次跳出了思维定式。

"于是，我开始给各个部门官员打电话，说我是代表马利克先生为他们送来好消息的。他们马上会获得更多的权限。当前人力与预算办公室负责的一项职能将移交给他们的部门……这个对任何官员都犹如音乐一样动听，让他们开心。"㊃

然后，鲍威尔解释说，他们部门将获得职能并设立相关机构，但没有岗

㊀ Schultz, Howard, with Katie Couric on TV CBS *Sunday Morning*, 27 March 2011.
㊁ Malek, Frederic V. Telephone interview with the author 21 January 1998 and fax 22 January 1998.
㊂ Powell, Colin L. with Joseph E. Persico, *My American Journey* (New York: Random House, 1995), 167.
㊃ Ibid.

位和资金的预算。

"'我们没有什么工作可以给他们做，也没有预算资金给他们。'我说，'助理秘书先生，弗雷德·马利克完全有信心，你一定可以在部门的得失之间找到平衡的办法。'很快，那些不受欢迎的人力与预算办公室官僚就消失了，他们的办公室和头衔都腾了出来，马利克要的新鲜血液也都流了进来。从这次经历中，我得出一个结论：如果不尝试，你根本不知道自己能取得什么样的成功。"⊖

德鲁克发现，顾问理应比客户懂得更多。俗话说，顾问就是借你的手表来告诉你时间的人。但德鲁克发现，针对具体的问题、行业和企业，客户通常具有更多的了解和更丰富的经验。据此德鲁克决定，自己为咨询业务带来的与其说是他对任一企业、行业、产品或服务方面的知识或经验，不如说是他对这些方面的无知和缺乏经验。基于这种不一致，德鲁克开始了独特的咨询实践，他向客户提出了5个基本的常规性业务问题，例如，"你们处于什么行业？"接下来，这些专家（他的客户）会提出更多的问题，结果是客户自己在解决问题，而德鲁克则在协助这个过程的推进。

第三：流程需要

这个创意来源和一句古老的谚语有关，即"需要是发明之母"。这句话说得很直白。你需要做一些事情，只要不断付出努力就能想出办法该怎么做。莱特兄弟，奥维尔（Orville）和威尔伯（Wilbur），曾冥思苦想要发明一种可行的飞行器。通过计算，他们需要一个重量不到200磅的发动机，以产生8匹马力的动力。他们四处寻找，根本找不到这样的引擎。现有的发动机不是太重，就是太弱，不符合要求。于是他们决定自己来建造这种发动机。他们通

⊖ Ibid.

过测算得出，自己需要一个孔径和冲程都为 4 英寸的四缸发动机，加上所有零件，重量不能超过 200 磅。他们真的做到了。然而，这只是一台发动机，如果它不能在机翼上制造出人造风来产生向上的升力，那它就根本没有用。到哪里去找一个螺旋桨来产生推力呢？当时，没有任何有关航空螺旋桨的资料，莱特兄弟发现自己处于一个理论真空。他们的结论是，螺旋桨就像一架滑翔机在螺旋轨道上飞行。

他们能够计算出滑翔机沿直线飞行的效果，于是他们认识到理论上没有理由算不出滑翔机沿螺旋轨道飞行的效果。但是理论上看来并不困难的东西，却可能产生误导。他们甚至很难找出应该从哪个点开始，因为有关（螺旋桨）推进器或其工作的介质都不是固定不变的。他们解决了这个问题，但又导致了另外的问题，不过最终也都解决了：他们发明的三轴坐标控制器可以让飞行员控制自己的飞机。他们一步一步地创新，解决了一个又一个问题。最终，在 1903 年 12 月 17 日，人类有了历史上第一次依赖发动机的飞行活动。㊀ 只要有需求，总会有办法。

经济哲学家约翰·杜威（John Dewey）、通用汽车研发负责人查尔斯·凯特林（Charles Kettering）和彼得·德鲁克总结出这样的结论：定义问题最为重要，其实，把问题说清楚就相当于把问题已经解决了一半。因此，把问题陈述清楚是绝对不能小视的。想象一下，在医生确定治疗方案之前，正确诊断疾病是多么的重要。

第四：行业和市场结构

人们往往会用同样的方式做很多事情，而这种方式也会被用到行业和市

㊀ For a complete and detailed discussion of the Wrights' innovative processes in inventing the aeroplane, see Wright, Orville. *How We Invented the Airplane* (Mineola, NY: Dover Publications, 1988).

场。我听过这样一个故事，有位丈夫问妻子为什么做烤肉时要切掉边缘的部分。她回答说："就是这样做的啊。"丈夫后来才发现他的丈母娘也是这样做烤肉的。她的回答也一样："做烤肉就是这样的啊。"有一天，他和妻子去看望了她的祖母。祖母也准备了一份烤肉，但她没有切掉边缘部分。于是，丈夫问她为什么没有像他的妻子和丈母娘那样做。她说："这个问题嘛，在好多年里我都是那样做的。后来，大概在女儿出嫁离家之后，我们买了一个很大的平底锅，我不需要再切掉边缘部分，就可以直接把烤肉装进去了。"真让人惊讶，这种烤肉方法居然传了两代人，她们都认为"就应该是这样做的"。在你的组织中，有多少这样的"烤肉流程"是因为"就是这样做的啊"的想法所造成的？

所有组织都会有这种想当然的事情。亨利·福特和他的福特汽车公司（Ford Motor Company）有什么神奇之处呢？与通常的看法相反，福特并没有发明装配线。此外，想获得巨大的成功和高额的利润，甚至都不需要装配线。劳斯莱斯（Rolls-Royce）就是一个证明，他们从来不用装配线。福特所做的是观察到市场结构发生了变化，"不用马的马车"不再只是富人的玩具。福特设计了一款能量产、成本相对较低、可由车主自己驾驶和维护的汽车。装配线只是这项创新的一部分。在开发汽车的过程中，他运用装配线来降低成本，使客户有能力购买他们想要的任何颜色的汽车，而不是只要这种颜色是黑色就行，福特因此改变了这个行业和市场的运作模式。他改变了市场和行业结构的一个重要部分。

正如德鲁克指出的那样，创新能够以不同的方式运行，并且是在相同业务中，依旧运用现有行业和市场结构作为创新的来源。大约在福特进行创新的同时，劳斯莱斯推出了自己的创新产品。但与福特公司推出的创新正好相反，他将已经很高的价格上调了四倍，并完全放弃生产线，回到中世纪以来就一直使用的制造方法和材料。与福特汽车公司不同的是，劳斯莱斯保证其产品将永久耐用。它制造的车辆不是为拥有者的驾驶或持有而设计的。它没有把每个人都当成未来客户，而是尝试只向皇室销售，或者向拥有与皇室同等财富的人销售。劳斯莱斯因此也取得了巨大成功，并获得了高额的利润。

第五：人口统计特征

人口统计学研究的是人口的特征，可能包括教育、文化、收入等方面的特点。这些特征不是静态的，而是会随着时间改变。例如，人们的寿命更长了，也比过去的同样年龄的老年人更为健康。有人说，如今 80 多岁老人的身体素质就相当于以前 60 多岁的老人。从中能不能找到创新的源泉？这些变化引发了老年人对保健的兴趣，催生出了各类保健组织、健康新闻邮件、维生素、老年人水疗等。

大约 20 年前，德鲁克就预言，未来的高管教育将在线上进行。预测的部分依据在于技术的发展和对学习便利性的要求，而且还基于这样一个事实：计算机能力和计算机拥有量的增长速度甚至超过了对高管教育需求的增长速度。不少传统教育工作者却轻视所谓的远程学习。他们认为，学习必须在教室里，和古代一样，以面对面授课的方式进行。他们以为，讨论和问答也必须在这样的环境中进行，否则就没有效果。技术的发展使学生可能暴露在各类线上信息和各种观点面前，但他们不会也不可能以这种方式学习。学习必须和几千年前一样，在教室里完成。但是，德鲁克又说对了。研究发现，在线学习有时比课堂学习更快、更有效。这可能是因为学生往往能更有效地关注所要学习的资料。如今，顶尖大学，如哈佛、斯坦福等，都开设了在线课程。其他大学，如波士顿大学，甚至还提供完全在线的博士学位课程。

第六：改变感知

我们看待事物的方法至关重要。心理学中有一个非常古老的例子很好地证明了这一点。我第一次知道这个例子时感到非常惊讶。这是一幅模糊的画像，可以看成是年轻漂亮的女性，也可以看成是年老丑陋的女人，它完全取决于你注视这幅画像的方式。根据当时的感知，你可能只看到其中一个画面。后来发现，我们可以影响观众所看到的内容，让他们先看一幅重新画了几行线的图片，这样观众就只能看到年轻女人或是老妇，但不可能在整幅画中同时看到这两个人。

我在课堂里是这样使用这种方法的。我会把经过修改使观众只能看到年轻漂亮女人的图片放进一组信封；把使观众只能看到年长丑陋女人的图片放进另一组信封。把装有年轻女子图片的信封发给教室左边的学生，把装有年长女人的信封发给教室右边的学生。然后，我让每个人打开信封，看图片10秒钟，然后把图片放回信封。接下来，我用投影仪把这张模棱两可的图片投影到屏幕上。

然后，我会装作无知地问他们："有多少人看到了一个年轻漂亮的女人？"教室左侧的学生举起了手；右侧的学生则感到很困惑。我也装着得很困惑的样子，接着又问："有多少人看到了一位年长的女子？"教室右侧的学生举起了手，而现在轮到左侧的学生感到困惑了。

德鲁克举过一个更简单的例子，我们不需要使用道具，只需要问："这个装着水的杯子是半满的，还是半空的？"答案完全取决于你看待事物方法。此外，你的情绪、价值观、信念，或者你以前看到或知道的一切，都会影响这种感知。我们怎么样才能把感知用作创新的源泉呢？曾几何时，衣服上的一个小裂口会让质检员拒绝接收这个产品，并处理掉，或者如果撕裂程度较小，它可能会以相当大的折扣来出售。然而，20世纪60年代开始，出现嬉皮士一代，年轻人穿着故意撕破的衣服。几乎一夜之间，压皱、褪色、磨损，甚至是撕破的牛仔裤都成了他们地位的象征，成了人人渴望的东西。为了回应人们所期望的新观念，牛仔裤制造商开始故意把衣服做旧，让它们看起来是破的、要被丢掉的，或要被捐赠给回收利用机构的样子。

第七：新知识

你可能会认为，新知识会立即成为创新和竞争优势的来源，能帮助企业以同样满足需求和需要的方式提升自己在所处行业的地位，其中有些需求在创新产品推出之前甚至根本不为人们所认识。可悲的是，这并不是真的。往往需要经过好多年，甚至几十年或者更长时间，新知识才会被用来产生创新成果。

想想"神奇药物"青霉素的故事。人们普遍相信，是亚历山大·弗莱明（Alexander Fleming）在1928年发现了青霉素。但第一个利用青霉素治愈疾病的案例直到1942年才出现，这是青霉素发现后的第14年。但第一篇关于使用这些真菌治疗疾病的论文却可以追溯到19世纪70年代，这使新知识的产生和创新运用之间的时间跨度变得更长。但是，请注意，人们在中世纪时就已经观察到面包上的蓝色霉菌可以加快士兵的伤口愈合。因此，更准确地说，知识和创新之间的时间跨度可以说长达千年。

发展互联网所需的知识在20世纪60年代初就已经具备，与互联网密切相关的个人电脑知识从1962年左右就已经存在。即使有些不需要高科技的创意也可能需要很长时间才会出现。看看营销问题，二战之前，关于营销的案例一个都没有。战后，《市场营销期刊》（Journal of Marketing）开始发表文章，鼓吹营销规划，把它比作战争期间人们更为熟知的战略规划。但是，多数组织到了20多年之后才开始创新，采用这一过程，并由此开始制定各类营销方案。

这样说的意思就是"塔尔山上有黄金"。也就是说，有一些已被发现的知识可能会成为创新的潜在来源，但它们仍然没有被觉察到，没有被充分利用，要等到有一位创新者来运用它们才行。

德鲁克是变革型领导。由于创新需要变革，他也是变革和创新领导力方面的专家，并践行自己一直所宣扬的内容。但是，他没有止步于证明，我们必须创新，否则就要承担没有把自己变成变革型领导的后果。他通过这些创意的最好来源向我们表明，在运用创新取得并保持组织和个人的成功时，我们应该做些什么和避免什么。他强烈建议大家要成为变革型领导者，以确保我们的组织在未来能够生存并保持成功。

16

第 16 章

自我营销和推销

PETER DRUCKER'S WAY TO
THE TOP

营销的目的在于认识和了解客户,让产品或服务符合他们的需求,从而实现自我销售。

——彼得·德鲁克

把自我营销和推销看作德鲁克所推荐的抵达巅峰的方法之一，这似乎很奇怪。德鲁克好像从没这样做过。但我们很快就会看到，有些必要的行动，德鲁克不仅推荐过，还在自己职业生涯中成功实践过。为了人类的利益而发明或做些事情，以促进全人类的进步，这是一回事，但如果没有人利用它，实现这一成就所付出的艰苦工作都将毫无意义。德鲁克可能说过，做必要的营销和推销是社会义务，它可以让尽可能多的人了解并利用你对社会的贡献。他从与通用汽车公司的合作中明白，自己可以运用所学的知识和分析方法服务社会。可是他没有运用常规方式，没有向组织或其所在学术界的同事进行营销和推销，并且作为咨询顾问和学术人士，他在组织中所取得的成功也不是依赖惯常的营销和推销方式。不过，他所用的创意和方法很有效，使他在多个专业领域都取得了巅峰成就。

德鲁克的自我营销和推销方法

取得学术成就并最终获得"现代管理学之父"称号的常规路径可能是这样的：首先，获得管理学的终极学位（博士学位），然后，在顶尖研究型大学谋得终身教职。比如，哈佛大学就不错。但德鲁克不是这样的，这只是为入门者准备的。记住，德鲁克是在获得法学而不是管理学博士学位之后，才开始自己的学术生涯的。

在美国学术界，终身职位通常是指能够获得大学终身任期的职位，不是临时性或短期合同制的教学岗位。终身职位是与大学签订的终身雇用合同，教授只有在严重犯罪的情况下才会被终止合同，而获得教职仅仅只是个开始。

第二步是获得终身职位。通常，要经过6年的试用期才能作为"新"教授获得推荐，并接受终身教职的任职审核。当然，在少数情况下，终身职位可能提前授予。多数情况或常规现象是，终身教职的获得可能会被不定期地推迟，或延长到一个固定期限的试用期之后。这比提前获得终身教职更为常见。有时候，即使在候选人具备资格后第一次申请就获得职位的情况也不常见。未获终身职位的教授还会有三次机会通过年度任期和晋升委员会的评审，以获得终身任期。通常可能有三个级别的评审委员会，任何一个级别的委员会都能否决较低一级委员会的推荐。因此，候选人可以从系部级的批准开始，进而上升到学院级（如商学院）。如果成功了，可以进入学校级别。委员会也可能不得推翻较低一级委员会的否决建议。最后，由大学校长做出最终决定：是赞成还是反对。

多数大学对于终身教职的主要决定因素是，候选人是否在高质量有知名度的同行评审期刊上发表过重要研究成果。在德鲁克所处的管理学领域，通常认为高度量化的研究论文比所谓的思考或理论文章更好。顺便说一下，专著通常并不像在学术期刊上发表文章那样，被认为是传播可用来获得终身教职的研究成果和理论的重要媒介。显然，教学也并不是获得终身教职的重要因素。

德鲁克并没有走这种人人都走的寻常路。他的确在法兰克福大学获得了国际法方面的最高学位，但也仅此而已。他凭借自己的博士学位和最初的几本著作，如《经济人的末日》等，获得了本宁顿学院政治和哲学的终身教职。当时本宁顿学院还是一所只招收年轻女性的小学校，不像其他大学一样设有多个由院长负责的学院。据德鲁克的遗孀多丽丝所说，当时本宁顿学院没有院长。她说："学校太小。"不过，他偶尔也会为校长做一些通常由院长负责的工作。德鲁克撰写过多部著作，成为著名的商业思想家和顾问。因此，他能够和备受尊敬的纽约大学谈判，以谋取管理学终身教授的职位，纽约大学虽没有哈佛大学那么有名气，但肯定足以满足德鲁克当年的抱负。终身教职本身并不代表终身任职，而是指，教授如果在未来几年内完成了合适的研究并得以发表，就能获得终身教授的任职。这对于一位来自小学校，不同学科领域，在学术期刊上鲜有研究论文发表的教授来说，已经相当不错了。他在纽约大学工作了22年，建立了全球性声誉，发表了10多本管理和商业类专著。尽管他是最早认识到营销和销售之间存在差异的商业作家之一，但据我所知，他并没有写过任何定量研究的文章。而他是为《哈佛商业评论》撰稿最多的作者之一，这不是学术研究期刊，读者多为商界人士。他写了一篇又一篇的文章，以至于《哈佛商业评论》得以按照当今最热门的话题，将其众多文章进行收集整理，以专著的形式出版发行。以前，学术界的某些人认为《哈佛商业评论》不是传播学术研究成果的正规媒体，认为其比较容易发表德鲁克所写的这类文章，是可以直接抵达读者市场的媒体。《华尔街日报》也是如此，在长达20年的时间里，德鲁克每周为它撰写专栏文章。阅读这两种出版物学者不多，所以有时候它们未能得到应有的荣誉。不过，即便在当时，它们在商业从业人员中也拥有大量读者。这是德鲁克声名鹊起的关键，是一种不错的营销。

杰格迪什·谢斯（Jagdish Sheth）是专门研究消费者行为的知名学者。几年前，他曾在一次学术会议的主旨演讲中向数百位教授解释过这一点，他们感到惊讶无比。他说："在过去的25年里，我在顶尖的学术期刊上发表了很多文章。在这漫长的时间里，就我的研究和理论发表了这么多文章，我却只收到两封信，都是教授写的。上个月，我在《华尔街日报》发表了一篇文章，马上收到了100多条来自企业高管的咨询邮件。"

如今德鲁克已经声名在外，他离开纽约大学，去了加利福尼亚。我已经讲过德鲁克是如何申请这两所大学，以及他如何提出自己的标准让学校允许他讲授日本艺术。但他的愿望清单上还有另一项内容。克莱蒙特的院长，保罗·阿尔布雷克特（Paul Albrecht）看到高管们对高级学位日益增长的需求，包括工商管理硕士和管理博士学位。这正是德鲁克感兴趣的地方，也是他决定要贡献余生的重要领域。双方一拍即合。德鲁克有阿尔布雷克特想要的东西。几年后，他们创立了（可能是）首个行政管理博士学位，而我很荣幸地成为该专业的第一批毕业生。他们的理由是管理非常复杂，需要拥有博士学位的人才能驾驭。回顾德鲁克的职业生涯就能总结出他的成功法则。

德鲁克走向巅峰的法则

德鲁克遵循众多法则，包括来自战略、销售和营销方面的各种理念。

1. 专打空挡

德鲁克后来把其中一个创业策略称为"专打空挡"。这里有两个子策略："创造性模仿"和"创业柔道"，在第 2 章讨论过。然而，德鲁克在著作《创新与企业家精神》中错误地以为"专打空挡"的思想出自美国内战时期的一位将军。⊖ 其实，这并不是来自内战或其他战争中的将军，而是出自棒球名人堂球星小威利·基勒（Wee Willie Keeler）之口。他的身高为 5 英尺 4 英寸⊜，是大联盟球队有史以来个子最矮的球员之一。尽管他身形矮小，但自 1898（是的，那是 1898 年，不是 1998 年）赛季结束之后，他是棒球史上每个赛季结束时平均击中率最高的球员，其平均击中率高达 0.385，击中次数高达 1 000 多次。⊜ 他的策略很简单：把球打到对方球员未能很好防守的区域，因为他们

⊖ Drucker, Peter F. *Innovation and Entrepreneurship* (New York: Harper & Row, 1985), 220.
⊜ 约 162 厘米。
⊜ "Baseball Reference: Progressive Leaders & Records for Batting Average". *Sports-Reference.com*, https://bit.ly/2vMxR5r, accessed 21 July 2018.

技术不够，或者忽略了分配给自己的指定区域。为了成功，每位球员都会尽全力击球，努力实现全垒打，这是通往巅峰的一个办法。然而，小威利却尽力把球打到防守不周的外场区域。他"专门找空挡打"。这种方法类似于当今盛行的蓝海战略。这个营销理论在金伟灿和勒妮·莫博涅合著的同名专著中有详细解释。[一]该理论基于他们对100多年来30个不同行业中的150个战略商业形势的分析。两位作者坚信的核心内容是，企业可以建立没有竞争的市场空间（被他们称为蓝海）来获得成功。这与红海正好相反，在红海中有许许多多的竞争者，它们就像攻击猎物的鲨鱼一样与竞争者残酷对抗，鲜血染红整块海域。

2. 把一个领域的经验教训应用到另一个领域

德鲁克坚信，任何领域或行业的重大进步通常来自某人从其他领域或行业带来的进步，他运用了这一原则。例如，他在《21世纪的管理挑战》(*Management Challenges for the 21st Century*) 一书中写道："人员管理属于营销工作。"[二]他不仅是指，要吸收销售人员的说服能力，而且还指整个营销过程，包括要考虑必须被纳入诸如营销战略和规划的管理情境中，那些与营销有关的各方面内容。

3. 做自己的首席执行官

换句话说，德鲁克主张，在通往巅峰的道路上，自己需要成为负责任的那个人。这要求你要认清事实并做出分析，为自己所做的决定承担责任。如

[一] Kim, W. Chan and Renée Mauborgne. *Blue Ocean Strategy: How to Create Uncontested Market Space and Make the Competition Irrelevant* (Cambridge, MA: Harvard Business School, 2005).

[二] Drucker, Peter F. *Management Challenges for the 21st Century* (New York: Harper Business, 1999), 2.

果觉得自己需要额外的培训或教育，你不必坐等组织内的其他人来决定送你去哪里接受培训。采取一切可能的行动，获得自己认为需要的东西。

4. 遵循创新之道

制定计划，成为变革型领导者，在前进的道路上不断创新。你必须保持创新，这对你的进步至关重要。与不进行创新的组织一样，无论你目前有多么成功，只要不保持创新，最终都将失败。

5. 把营销和销售理念运用到职业生涯中

德鲁克指的是，应该像运用来自其他行业的理念一样运用这些理念。他曾专门开设课程，探讨被他称为"向老板推销自己"的话题。他对此非常认真。我还记得他讲过，你首先要就自己的具体工作内容与老板达成一致，如果可能，以书面形式记录下来。然后你很快就会发现老板更喜欢哪种沟通方式。德鲁克说，所有人都会喜欢以下两种沟通方式之一：书面或者口头。他接着说，用老板喜欢的方式与他沟通至关重要。要运用这些理念，你首先应该明白，新员工入职时就必须掌握这种能力。

通往巅峰需要掌握营销和销售技术

你首先要理解营销和销售才能遵循这些理念。营销的定义很多，德鲁克的定义主要在于描述营销与销售的区别。菲利普·科特勒教授与德鲁克的想法联系紧密，他被很多人认为是"现代营销学之父"（Father of Modern Marketing），和德鲁克有点儿相似。科特勒是芝加哥西北大学（Northwestern

University）美国庄臣（S. C. Johnson）荣誉教授，他把营销定义为："营销是一个社会过程，是个人和团体通过创造并与他人交换产品和价值，来获得自己需要和想要的东西的过程。"㊀

请注意，根据科特勒的说法，营销是一种交换，不是以某种方式欺骗或蒙骗他人。这让我想起这句话，你只有通过帮助他人取得成功，才能获得自己的成功。换句话说，你只有帮助他人实现目标，才能实现自己的目标。德鲁克反对搞办公室政治。德鲁克曾与一位教授共事，这位教授由于和德鲁克合作而受到嫉妒，有时甚至会受到同事的语言骚扰。德鲁克告诉他："完全不用理会这些人，坚持做好自己的工作。"

要把营销用作抵达巅峰的辅助手段，思考自己的目标和所选择的目标市场的情况，可能需要用到互联网、广告、促销、面对面销售、宣传以及不同的分销渠道。德鲁克就是这么做的，他会运用一切可动用的资源。这还需要做到"己所不欲，勿施于人"。如果可能，最好做到用他人喜欢的方式去对待他们，这就更进了一步。

在行进的过程中，你可以从所处情形的目标市场和分销渠道获得情报。只要做得得当，正和营销定义的一样，在交换对方所提供东西的过程中，双方都能获得一些东西，不论是有形的，还是无形的。

营销会淘汰销售吗？营销概念

先前，我们讲过销售和营销不同。营销学教授西奥多·莱维特（Theodore Levitt）在哈佛任教时曾描述过这种差异，他的看法和德鲁克的说法非常相像。他说："销售关注的是卖方的需求，营销关注的是买方的需求。销售关注

㊀ Kotler, Philip, quoted in in Mike Thimmesch. "What Is Marketing? How 10 Experts Define It". *Skyline® Tradeshow Tips*, August 8, 2010, https://bit.ly/2vNbAEI.

的是卖方把产品转换成现金的需求，而营销则是通过产品以及与创造、交付和最终消费相关的一系列事情，关注满足客户需求的理念。"㊀

但德鲁克更为深入地解释道："销售和营销互为对立，而不是彼此相近、互为补充的。人们可以假设，总是要有人销售东西，但是营销的目的是让销售变得多余。营销的目的是了解客户，让产品或服务符合他们的需要，从而实现自我销售。"㊁

营销和销售之间的差异让我们再次关注营销与战略和战术之间的密切关系。如果我们运用战略来实现目标，必须运用战术来具体实施战略。营销是战略，销售只是众多执行所追求的营销战略的战术之一。即使有了完美的战略，我们仍然需要一些销售（战术）来帮助实施。更重要的一点是，要清楚不论销售有多好，如果战略不好、有问题或者不合适，那么销售无法弥补该战略的不足。其实，销售中的战术成功甚至可能是错的。所以你务必留意自己的战术，防止它阻碍战略的实施。

看看 20 世纪 70 年代初期美国汽车公司的例子。它们的战略定位强调产品的舒适性和动力，而不是燃油经济性，后来是追求高品质。石油危机爆发之后，有人试图用销售来弥补不恰当的战略，这并没有成效。但如果有效，又会怎么样呢？好的销售可能有助于争取时间来制定和执行更加有效的新战略，但它不可能克服战略错误的根本性问题。此外，可以想象，销售上的巨大成功可能会掩盖调整战略的真正需求，尽管最初得益于战术上的成功，但由于耽搁了对战略的调整，企业可能会陷入更加严重的困境。石油危机期间，雪佛兰公司（Chevrolet）迅速将一款名为雪维特（Chevette）的小型轿车投入生产。该车型于 1975 年 9 月正式推出，在 12 年里共售出 280 万辆。

㊀ Levitt, Theodore. "Marketing Myopia". Harvard Business Review (July-August 1960), 45-56. https://bit.ly/1xtBSn8.

㊁ Drucker, Peter F. *Management: Tasks, Responsibilities, Practices* (New York: Harper & Row, 1974), 64.

1979~1980年，雪维特是美国最畅销的小型轿车。该车从一开始就拥有一流的销售和广告。但在使用大约一年之后，第一款车型的车主发现，他们的汽车在停车之后便无法再次启动，必须先等汽车冷却下来之后才可以启动。公司没有召回汽车，由于没有解决办法，经销商只能自行处理。这个问题与车架磨损有关，在汽车使用大约一年之后，它会引起电线断开。通过设计和制造解决该问题之前，该车型的客户怨声载道。我之所以知道这件事，是因为我自己就是这些不幸车主中的一员。

自我管理也是同样的道理。我认识一位女士，她刚拿到学士学位不久，并对法律产生了兴趣。她对这个专业一无所知，甚至不知道它是做什么的，学校招生人员（学校的销售）在销售方面做得很好，但错误地描述了作为法律专业学生的前景，以及从事该工作的要求。她成了法学院学生，但每时每刻都讨厌这个专业，尽管她成绩合格，通过了被称为"小型律师特考"（Baby Bar exam）的考试，这是学习一年之后能否继续学习的前提。一年之后，她实在是受够了，终于做出聪明的决定，转学心理学了。如今，她是位非常成功的临床心理医生。这个故事给我们的启示是：销售不错，但在花时间成为法律专业学生之前，因为缺乏细致的分析，加上法学院的糟糕营销，导致了个人和法学院的双输结果。

这把我们带回到德鲁克的立场，他的基本观点是，如果我们的营销（战略）做得好，就可以通过更少的销售（战术）、更高的效率，以及更有效的执行来实现我们的目标。

自我管理导向

商业史学家发现，自从商业概念产生、朝着营销的方向发展、最终融合营销与社会以来，在其基本商业导向的发展过程中出现了一个有趣的现象。

所有忽略营销或将其置于次要地位的组织，最终都会蒙受损失。这一点也适用于职业生涯和专业领域的发展，任何努力把营销理念用到自己职业生涯和行业的人，如德鲁克，都必须密切关注如何进行自我管理的导向。

生产导向

古腾堡（Gutenberg）发明了活字，促进了印刷业的发展，让书籍变得比以前更便宜、更容易获得，拥有书籍的现象更为普遍。其实即使有了古腾堡的发明之后，人们对书籍的需求仍远远大于供给。因此，书籍生产组织没有必要过多强调营销，他们能卖掉所有生产出来的书籍。生产导向至今仍然存在。有这种导向的公司认为，如果产品价格足够低，客户就会购买自己的产品。有些个人也会犯同样的错误。他们把自己的价格定得很低，以为这样能帮助他们找到工作，或者他们专注于低价，因为他们以为这样会在生意场上为他们带来生意。这样做所产生的效果可能会维持一段时间，但定价也有其形象价值。多数购买者会告诉你，如果对产品一无所知，又想要高品质，你应该支付更高的价格。换句话说，多数人相信，高价格意味着高品质。如果给自身定价过低，就会产生自我限制的效应。德鲁克从未这么做过。随着事业的发展，在他当顾问和教授时，要价都会相应提高。这不是是否贪财的问题。他可能会要求企业客户为几个小时的咨询支付1万美元，但钱并没进他个人的口袋，而是转给了他的基金会。

产品导向

也有企业仍保持着产品导向策略。莱特兄弟在1903年就制造了第一架真正的飞机。4年之后，美国政府才首次向他们购买。想一想，有一项发明能让人类实现飞行的梦想，它几乎可以给人类文明的每个方面都带来彻底的改变，不仅仅是战争（最终它也真的做到了）。尽管如此，美国政府花了4年时间才和莱特兄弟签订合同，而且只买了一架用来做测试。这并不是说政府不好，而是部分说明了营销的特征。莱特兄弟是修理自行车出身的发明家。他们对营销知之甚少，也不知道如何有效地营销自己异乎寻常的突破性成果。有一个伟大的产品，仍然需要对其进行营销才能抵达企业的巅峰。

销售导向

以销售为导向的企业视产品为既定因素，将市场也视为既定因素，而努力把产品销售给消费者或企业客户。这与营销导向正好相反。因为销售关注的是产品，说服别人来购买产品，而不是关注客户。提供他们想要的东西。这类企业的理念是，好的销售员可以把任何东西卖给任何对象。的确，社会上存在这样优秀的销售人员，一旦产品生产出来，他们有能力最大化销售机会。但从营销的角度来看，这是更艰难的销售方法，因为如果开发出来的产品已经有市场存在，销售任务会简单得多。用德鲁克的话说："产品或服务如果符合客户需求，销售自然就会发生。"

营销导向

前面几个导向可以追溯到几个世纪以前，但营销导向从20世纪中期才开始流行起来。以营销为导向的组织关注客户，它的理念是："关键不在于你想卖什么，而是客户想买什么。"因此，想要明智地抵达巅峰的人至少应该是营销导向的，找准需求，并满足这个需求。

德鲁克是一个天才，他作为现代管理学之父而广为人知。但德鲁克是不是一直对管理学或社会生态学感兴趣呢？在他职业生涯的早期，德鲁克想成为一名教授。他攻读法律博士学位，据他说，是因为在当时的德国，这是最容易拿到的博士学位。如果他对管理学的兴趣一直都如此浓厚，为什么他早期的著作和讲课都是其他学科领域的呢？德鲁克对管理学产生了浓厚兴趣是在取得了一些成功，以及与通用汽车合作之后的事情。机会来敲门，表明了自己的需求，而德鲁克认识到了这种需求。更进一步说，他已经做好准备了：他拥有各种工具、兴趣以及智慧来满足这些需求。根据德鲁克的看法，这是我们能够做得最好的事情，因为在年轻的时候，我们通常不清楚自己真正的兴趣所在，有时候要等到很大年纪才会明白这些。此外，兴趣也会改变。也许我们能做的最好的事情，就是在新兴趣出现之时，已经准备好必要的工具和知识。因此，德鲁克还是30多岁，身强力壮的时候，就能顺风顺水，利用好管理领域全新的职业机会，最终转型成为一位社会生态学家。

社会责任

为了体现对社会责任的认同，很多企业调整了自己的经营方法，增加了对社会的关注。例如，时任金宝汤公司（Campbell Soup Company）总裁的R. 戈登·麦戈文（R. Gordon McGovern）曾表示，金宝汤的目标是"在消费者心中定位为关心他们福祉的公司"。㊀

意思很明显，关注社会的公司不会把追求利润作为自己唯一的目标。相反，像德鲁克认为的那样，利润被视为是商业上的要求，以便创造客户。

当然，没有利润，企业就会无以为继。德鲁克发现，企业的目的是创造客户，因为没有客户，企业就不复存在。要想成功，企业必须生产出有足够数量且客户愿意以合理价格购买的商品和服务。由于生产会磨损用来生产产

㊀ "Marketing: The New Priority". *Business Week*, 21 November 1983, 96-106, 103.

品的机器，有必要为运行和管理机器的雇员提供财务支持，为了保证企业正常运转，需要留有足够的剩余来更换所损耗的。这个"足够"就是利润，而不论会计师、税务机关或任何其他人如何称呼它。这就是为什么利润是企业所必需的，而不是目的。

如果我们把企业比作在任一行业力争抵达巅峰的个人，我们会遇到同样的问题。我们需要为自己和家人提供如食物和住房这样的必需品，以便生存下去。但我们获得成功的目的一定是为了"创造客户"，即通过生产价值为社会做出贡献。我们称其为积极物品。

如果这是社会道德，德鲁克为那些努力抵达巅峰的人对它进行了简化。他提出一个直截了当的测试方法，并称之为镜像测试。每天早上照镜子时，你希望镜子里看着你的那个人是谁？那么，你希望在镜子中看到的是败坏者的始作俑者吗？

在德鲁克的成长过程中，他很早就认清了这点，生活不是为了索取，而是为了做贡献，并维持一个他能够同时支持的价值体系。

第 17 章
德鲁克是如何影响他人的

PETER DRUCKER'S WAY TO
THE TOP

想要行之有效,你必须清楚同事的优势、工作模式及其价值观。

——彼得·德鲁克

想要成功，你必须把握和践行从第 4 章到第 12 章中所介绍的成功八大准则。了解并践行这些准则非常必要。很多时候，不论一个人多么能干或天资聪慧，他都无法独自取得成功，而必须在他人的帮助下才能取得成功。此外，不论你是不是主管，你都必须了解如何带领其他人取得积极的成果。领导和影响他人取得积极成果，就需要了解他人希望你如何对待他们，尽可能以他们偏爱的方式对待他们，即使在实现自己的目标时，也要这样做。要做到这一点，你必须独自去影响每个人。如果是团队合作，你就必须考虑如何影响整个团队，以此获得积极的成果。本章讨论 8 种影响他人的策略，这些策略取决于你所处的环境、当时已经或者尚未掌握的相对权力，以及你试图实现的目标。我们会发现，这就是德鲁克的职业生涯中一直在做的事情。

德鲁克是实践者，而不只是理论家

德鲁克是实践者，而不只是理论家。他知道，要想成就任何事情就必须与人合作，并且这些人的好恶与偏好都不尽相同。这表明，要积极影响他们，就要知道他们每个人分别希望你如何对待他们。你可能会认为做任何事情都只有一种正确的方法，其实不然。方法有很多种。德鲁克指出，人们的行为都很任性。㊀ 根据所处的环境和所接触的个人，通常会有多种"最佳"方法。我们每个人喜欢的方法都不一样，会认为自己的才是最好的。励志演说家托尼·罗宾斯对此做出了一个解释，德鲁克可能也会同意。我们每个人在不同

㊀ Drucker, Peter F. "Managing Oneself". *On Managing Yourself* (Boston, MA: Harvard Business Review Press, 2010), 26.

的家庭中长大，接受了不同的家庭规则，所教给我们的东西就是处理各种事情所用的方法。

有的人可能会被要求不得参与成人的谈话，"小孩子可以在旁边看着，但不可以插嘴"。其他家庭则鼓励孩子可以随时加入大人的谈话。孩子长大后，这些不同的规则可能形成他们与别人打交道的不同方法。由这些规则陪伴着长大，会影响到我们日后在个人生活和职场中与他人的关系。

两位副总裁间的竞争故事

两位副总裁之间的竞争故事是一个真实发生的管理类问题，也是德鲁克要求学生解决的一个问题。事情是这样的，一家公司的总裁上了年纪，决定5年后退休。他有两位出色的副总裁，他们拥有同样的经历和出众的工作能力，但他们的处事方法各具特色。总裁把他俩叫到办公室，对他们说，他们中有一个人会在自己退休后担任总裁，但最终决定得看他们接下来5年内的表现。

接下来的5年里，两位副总裁都非常勤奋，履职表现都很突出。然而，两个人的处事方式却大相径庭。其中一位认为，自己不该总是打扰总裁，每次交给他的任务都会独自完成，且表现出色。他只有在遇到自己难以解决且极其困难的问题时，才会向总裁请教。完成一项任务后，他只是向总裁做简报，说明做出这些决策的原因。

另一位副总裁同样表现出色，但做事方法与前一位大不相同。他在做决定前，会和总裁讨论每一个问题。他每周都会向总裁简要汇报各种问题及其现状。

德鲁克问我们，5年后哪位副总裁会被晋升为总裁。多数人认为是能独立解决问题，并只向总裁简报工作进展情况的那位副总裁。让我们吃惊的是，德鲁克说，新总裁是另一位会和即将退休的总裁讨论每一个问题的副总裁。

答案让很多人感到惊讶，德鲁克解释说，后者让总裁始终能参与工作，这正是总裁所希望的。

德鲁克对这一结果的解释是，这位总裁想参与公司事务，了解公司内部发生的一切。他的观点是，选择任何一位作为新总裁都合适，但由于这位总裁偏向于了解公司事务，认为这高于一切，那么作为其下属就有必要了解这一点，并付诸实践。这就是为什么即将离任的总裁明确指示董事会任命一位和他本人相似的人来接替他。当然在这方面也因人而异。

三位德国上校的故事

一战期间，一位德国陆军上尉讲述了一个运用不同影响策略的经典案例，这是关于一位旅长如何在一次重要行动之前影响自己的三位上校的故事。

第一位上校什么事都想亲力亲为，一直以来都表现出色。第二位上校能执行好每一道命令，表现也出色，但通常主动性不够，必须要有人告诉他所期望的每一个细节情况才行。最后一位上校指挥第三个团，他几乎反对别人让他做的每一件事，并会直言不讳地表示，他要对着干。

在战役中，这位旅长遇到了一个必须攻克的重装防守的盟军阵地。旅长为此下达了不同的命令，去影响每一位团指挥官。

他对第一位上校说："我亲爱的上校 A，我们要进攻了。你的团将承担进攻任务。我选择你是因为，第二团会在你们左翼，第三团在你们右翼。12 点准时发起进攻。我没有什么更多的要说了，我完全相信你会积极主动，执行命令，攻下阵地。有什么问题吗？"回答完第一位上校的几个问题之后，他就马上离开，去找那位凡事都喜欢对着干的上校 C。

旅长对他讲的完全不同。"我们遭遇了一个非常顽固的敌军阵地，但我们接到命令，必须攻克占领。我很担心，仅凭我们现有的力量，恐怕很难成功占领对方阵地。"

如他所想，第三位上校 C 并不这样认为。

"哦，将军，我们肯定能够攻下并占领这个阵地。只要告诉我们团的进攻时间，你很快就能看到我们的胜利。"

旅长说："那很好。去吧，我们试试看，"接着他向第三位上校 C 下达了先前准备好的正式进攻的命令（和第一位上校一样），然后，他回答了所有提出的问题后，就离开了。

对于指挥第二个团的上校 B，他只是发出了进攻命令，并附上比给其他两位上校更多的细节信息。

最后三个团都成功完成了进攻任务。[一]

在本章中，你会学习到主要的影响策略，什么时候以及如何在众多变化的情景中把它们用于实践。德鲁克用过这些策略来影响自己众多的上司、同事、客户和学生。正确运用这些策略会为你提供强大火力，使你成为具有非凡影响力的人，正如德鲁克所坚持的那样，他们都是人，必须区别对待。

他人更喜欢哪种沟通方式

开始之前，你应首先认识到，像德鲁克所做的那样，人们喜欢的用来获取知识和进行沟通的方法不外乎这两种：口头或书面的。为了能有效地和他人相处，你需要知道他们更喜欢的那种方法。在德鲁克的一堂关于如何影响自己老板的课程中，他说，找出老板更喜欢运用的沟通方式极其重要。后来他写道：

"典型的情况是，人们的第一份工作如果是为喜欢阅读的老板干活，他们

[一] Von Schell, Adolf. *Battlefield Leadership* (Quantico, VA: The Marine Corps Association, 1982), 15, my retelling.

就会接受撰写报告方面的培训，下一位老板即使喜欢倾听，但这些人仍会坚持给新老板写报告，就像约翰逊总统的助理一样，一直给他写报告，因为曾经聘用过他们的人——杰克·肯尼迪（Jack Kennedy）喜欢阅读。毫无疑问，这些人可能下场不好，他们的新老板会认为他们愚蠢、无能而且还懒惰。他们以失败告终。用来避免这种结局的办法也很简单，就是看着老板，问他一个问题：'您是怎么做事情的？'"⊖

事实上，所有人都喜欢用这两种方法来获取知识并进行沟通。知道应该用哪种方法很重要。你可以通过询问或观察来找出答案。但你以什么方式影响他们和其他人，表明了你必须依赖其他包括所处环境以及该环境中你所拥有的权力之类的其他事项。

1. 指令式影响策略

有三种情形，直接下命令而不讨论是你的最好选择。但首先，要运用指令式策略，你就必须拥有比你想要影响的人更多的权力。如果你企图以这种方式影响自己的老板，那你不仅会失败，而且可能会永久破坏你们彼此之间的关系。

使用指令式策略的第一种情况是在时间紧迫的时候。你需要立即实施自己要做的事情，没有时间讨论。例如，当风险很高或稍有耽搁就会导致极其严重的负面影响时，你就没有时间磨磨蹭蹭。

使用指令式影响策略的第二种情况是，你要做的事情对于组织可能会有好处，但不是个人所期望的。你要在明天凌晨之前让人完成一份书面报告，但报告撰写人已有自己的计划，和按时写完报告正好冲突。虽然你可以先尝试使用其他的影响策略，最终可能还是会使用指令式影响策略。

⊖ Drucker, Peter F. *Management Challenges for the 21st Century* (New York: Harper Business, 1999), 184.

不幸的是，指令式影响策略往往被过度使用。一个原因是，当你拥有权力时，你很容易使用它，并希望让事情按自己的方式进行处理。所有你要做的就是告诉他们做什么，然后他们就做了。这就是过度运用该策略的危险所在。正如艾森豪威尔总统（President Eisenhower）在评价过度使用直接命令时说的："领导他人不能以敲打他们脑袋的方式进行，这是袭击，不是领导。"[一]这是一种用枪顶着脑袋的影响方式。它会有效，有时候也很必要，但过度使用会起反作用。

什么时候使用指令式影响策略合适呢？德鲁克说，即使有很多反对的理由，但只要有一个正确理由表示赞同，就应该采取这个决定。这就引出了第三种情形，一件事情如果是对的，至少你是这样认为的，并且如果你已经做出了这个决定，在迫使他人接受你的立场时，只有你能够纠正它，而其他人则可能担心由此产生的后果。

2017 年末，特朗普总统宣布把美国大使馆迁到耶路撒冷。他的多数高级政府顾问都反对这么做，教皇和很多其他外国领导人也反对这么做。有些阿拉伯人和巴勒斯坦组织威胁要实施恐怖袭击，并开展"愤怒日"（days of rage）暴力活动。[二]特朗普指出，世界上每个国家都有权利宣布自己的首都在哪里，尽管如此，70 年来，耶路撒冷作为以色列首都却始终没有得到美国或其他国家的承认。他们说，这个决定有争议，因为还需要继续谈判。他说："这样做是不对的。"

美国早在 1955 年就已经通过了一项法律，承认耶路撒冷是以色列的首都，但该法律却一直被忽视，每一位美国总统，不论是民主党人还是共和党人，都主动放弃了这条法律。

[一] Attributed. Included in "Quotes on Leadership". *LeadershipNow.com*, https://bit.ly/2vqpE7O, accessed 8 August 2018.

[二] "Palestinians Call 'Days of Rage' over US Jerusalem Move". *Al Jazeera News*, 6 December 2017. https://bit.ly/2OVD5or.

特朗普的决定让人们想起，杜鲁门总统曾于 1948 年承认以色列作为一个国家的存在。当时，杜鲁门总统的国务卿乔治·C. 马歇尔将军（George C. Marshall）以辞职相威胁，不让杜鲁门总统承认以色列是一个独立国家。阿拉伯国家也威胁称，如果杜鲁门承认以色列，他们就会入侵那些将成为以色列领土的地区，并将其彻底摧毁。杜鲁门无视这两方面的威胁，承认了以色列的存在。

美国国务卿马歇尔考虑再三，并没有辞职。但是七个阿拉伯国家的确侵入了以色列这个新成立的国家，却没能成功将其摧毁，这对他们以及对我们其他人来说也许是件好事。因为，从语音邮件技术到移动电话，到首个完全计算机化、无辐射的乳腺癌诊断仪器，以及其他科学上的突破等，都是以色列研发出来的。⊖

至于特朗普的声明，他显然认识到了威胁的可信，但觉得该决策的正确性要超过其产生的各种后果。特朗普没有选择其他影响策略，他准确地表明，在过去 70 年时间里，这些战略并没有给阿拉伯人和以色列人带来和平，于是他选择了指令式影响策略。

问题不在于你是支持以色列还是它的对手，或者以色列是不是应该获得承认，或者美国大使馆该不该搬迁，而在于如果你相信正确的事情能压倒可能产生的负面后果，并且你有责任做出这个决定，那么明智之举就是，做出你认为正确的决定，即便他人不同意也在所不辞。

2. 间接式影响策略

在成为总统之前，唐纳德·特朗普就因电视节目《学徒》(The Apprentice) 而出名。在董事局开完会之后，他会身体前倾，夸张地做个手势，然后告诉

⊖ "Amazing Israeli Contributions to the World". *United with Israel*, 12 May 2009, https://bit.ly/2MbLp4N, accessed 27 July 2018.

其中一位选手："你被解雇了。"这就是一条直接指令。

然而，特朗普却非常看重间接式影响策略的作用。在他的《交易的艺术》（The Art of the Deal）一书中，特朗普讲述了君悦酒店（Grand Hyatt）的经理通过运用间接式影响策略，成功对他产生影响的故事。而上一任经理企图通过指令式策略影响他，不仅没能成功，反而被解雇了。

特朗普创建了君悦酒店，至今仍拥有其中50%的股份。酒店前任经理强烈反对特朗普及其妻子对公司的干预。尽管他没有这个权力，但还是试图通过向君悦酒店的老板抱怨来做出指示，而这让他遭到了解雇。他的继任者更善于运用影响性策略。特朗普说："新任经理做了一些很漂亮的事。他开始用一些琐事来轰炸我们。他每个星期都要给我们打很多电话，他会说：'唐纳德，我们希望您能同意我们更换第14层楼的墙纸''我们想在餐厅换新的菜单'或'我们正在考虑更换一种新的洗衣服务'。他们还会邀请我们参加所有的管理会议。这家伙费尽心思，征求我们的建议，让我们参与酒店事务，于是我最后不得不说：'别管我，你想干什么就干什么，别来打扰我。'他使用的策略非常完美，得到了自己想要的结果，没有正面对抗我的干预，而是表现得很积极、友好和殷勤。"⊖有些人会说，作为总统，特朗普为什么不更多地采用间接式影响策略？对于这一点，你得去问特朗普总统本人。我清楚，有时候我自己也会运用间接方法。然而，我没能当上总统，也没有掌握所有的事实，最重要的是，我没有这样的权力和责任。

作家詹姆斯·克拉维尔（James Clavell）为我们举了另一个很好的例子。他在自己的著作《大班》（Tai-Pan）一书中无意间给我们举了一个运用间接式策略的例子。⊜《大班》讲述的是一家大型英国贸易公司（British Trading Company）的创始人和老板在19世纪的中国发生的故事。这家公司的老板被

⊖ Trump, Donald and Tony Schwartz. *Trump: The Art of the Deal* (New York: Warner Books, 1987), 140.
⊜ Clavell, James. *Tai-Pan: A Novel of Hong Kong* (New York: Atheneum, 1966).

称为"大班"。在书的结尾,大班在台风中丧生。他 18 岁的儿子没有什么从商经验,也未受过商业训练,却突然被推举出来,要承担起老板继承人和公司负责人的重任。起初,他沉默不语。他不知道该说什么,该做什么。他的下属就站在一旁,等着他掌权,下达他作为新大班后的第一道命令。接着出现了短暂的沉寂,新大班的高级经理们都没说一句话。突然,前任大班的一位得力助手,是一位中国人,用恳求的语气问公司的新老板:"大班,大班,我们该怎么办?"这个人有多年的从业经验,在需要时可以立即下达命令,也能从少年大班手中夺取领导权。然而,他对这位 18 岁少年的顺从让这位年轻人吃惊地认识到,无论自己是不是已经做好准备,他就是负责人。他必须接管组织,行使自己的权威,否则他就永远不可能做到。后来,他成功地做到了。这就是影响上级,利用间接式影响策略的一个完美例子。

3. 转向式影响策略

我曾听过一个故事,讲的是一个女子镇定地站在离水面 100 英尺的高桥安全护栏外面,准备自杀。在桥上距她几英尺之外,有一位警察试图说服她爬回安全的地带。他首先试着说服她,不管遇到什么问题,活下去都是值得的。但这不管用。他试图命令她下来,用指令式策略,也没有作用。他尝试用尽各种执法人员和心理学家所传授的面对自杀情况时可以使用的谈判方法和一切技巧,但没一个管用。这个女子就待在原地,随时准备跳桥自杀。最后,警察孤注一掷,喊道:"女士,如果想跳,那你就跳,但我肯定不会跳进那脏水里的。下面都是污水和垃圾,气味难闻至极。"她犹豫了,思考了几分钟之后便回到了相对安全的地方,于是警察把她拉回到安全地带。那位警察在这次成功的营救中使用了转向式策略。他把这位女子的思绪从自杀转移到了她将要跳进的脏水上,这对当时的她来说,比生命更重要。

4. 否认式影响策略

使用否认式影响策略时，你通过否认自己拥有能力或权力来劝说别人做某件事。例如，某位分析师找到自己的主管，请求他帮忙解决一些问题。主管说："好的，我很愿意，但我已经很长时间没有分析过这种问题了。你打算怎么去做？你为什么还没有开始？也许我还有一点印象。"于是，分析师开始工作。每当陷入困境，领导者都会让他重新振作起来。领导者利用拒绝式影响策略，让分析师学着去做这份工作，同时完成了工作。

否认式影响策略也可以被下属用来影响他们的老板，或者被管理者用来影响其他管理者。"老板，我有个问题，想听听您的建议？"老板听到问询后会倍感荣幸。许多老板都非常乐意帮忙。然而，在使用这种策略时，你必须非常了解自己的老板。正如德鲁克在两位副总裁的故事中所体现的那样，有些老板更喜欢你能自己独立解决问题。当然，你自然不会想过度运用这种策略。

5. 求助式影响策略

你要做的就是寻求帮助，这就是求助式影响策略的基础和魅力所在。在你没有权力，或可能有权力但不想使用的情况下，这种策略极其有效。令人惊讶的是，很多时候，寻求帮助比你想象的还要有效。心理学家罗伯特·恰尔迪尼博士（Dr Robert Cialdini）研究过动机对影响他人的作用。在研读关于说服方面的文献时，他发现这种请求的措辞通常甚至不需要非常合乎逻辑。它可能主要取决于发出请求的方式，以及所使用的语言，而非请求本身的逻辑。在恰尔迪尼所关注的一项研究中，哈佛大学社会心理学家艾伦·兰格（Ellen Langer）发现，愿意让别人排在自己前面使用办公室复印机的人，主要取决于一个词，即使给出的请求理由毫无意义。如果请求者说："打扰一下，我有 5 页纸要复印，因为有点急事，能不能让我先用复印机？"成功的概率为 94%。这很不错。然而，如果请求者问："打扰一下，我有 5 页纸，可否先让我用复印机？"他没有给出任何理由，他的成功概率就降到了 60%。这种下降非常明显。在进一步讨论之前，这充分证明了，如果时间和情况允许，我们每次都应给出一个理由，说明我们为什么要做某件事情。

现在，我知道接下来要讲的内容听起来会很疯狂，想一想，如果请求者用如下措辞会怎么样："打扰一下，我有 5 页纸，可以用一下复印机吗？因为我有几页纸要复印。"你可能会觉得，即使对方没有大声笑出来，这个请求被接受的可能性会很低。毕竟，如果不是为了复印，怎么会有人来用复印机呢？这真是太荒唐了。可是，回复同意的比例为 93%，几乎和给出一个合理理由的效果是一样的！⊖得出这些结果的一种解释就是用了"因为"这个词。可能是"因为"一词提醒了对方，他会解释原因，即使这个解释本身毫无意义。关键是你提出的请求可能比你想象的更重要，只要你为自己想完成的事给出一个理由。然而，允许别人排在前面并不需要做出太大的牺牲。我相信你总能为自己的请求想出更好的理由。如果需要付出更多，会怎么样？

能不能让挑战变成趣事

人们总是会自愿接受困难和富有挑战的工作，不论有多么困难或者危险。为什么呢？因为他们觉得，他们在做的不是工作，而是趣事。不然为什么会有人在高桥上蹦极呢？或者从飞机上跳伞？或者参加经常会让人受伤的运动？或者爬山？中学或大学打橄榄球比赛也充满困难和挑战。是的，有些人还会继续从事职业比赛，尽管这个比例很小。但那些参加比赛的人总会经常受伤。据报道，仅在美国，2012 年就发生了 380 万起脑震荡事件，其中 47%

⊖ Cialdini, Robert B. *The Psychology of Influence*, rev. ed. (New York: William Morrow, 1993), 4.

发生在中学橄榄球运动中。[一]尽管如此，自愿参加的球员与比赛需要的球员相比，数量要多得多。

人们是疯了吗？他们一点也没疯。如果人们觉得工作有趣或者是他们想要的，即使是最具挑战性、最困难、最脏的工作，也都会被他们欣然接受，甚至还会努力争取。

你可能甚至不需要强调这种需求的重要性。你要做的只是说服他们，这会很有趣，或者能赢得同龄人的尊重。这可能就是运用求助策略时的关键要素。

6. 说服式影响策略

说服和求助有一个重要区别。求助时，你要做的是请求。当然，用戏剧性或创造性的方法，加上"因为"一词很有帮助。然而，说服方式的重点不是仅仅提出请求。你必须更进一步，说服他们做某件事情，解释理由，用更有说服力的理由，说明为什么他们应该做这件事。每个人都希望知道，你为什么想让他实施某项行动。不管你是不是比他们更有权威，都一样。我个人觉得，这是因为你让对方按照自己说的去做事情，从而内心觉得对他有所亏欠。并且给出理由还有一个重要的额外好处。当形势有变化，无法给出新的指示时，他知道你想要这样做的原因，他就能够根据这些信息改变自己的方案。你会发现，和其他方式相比，你会更加成功地影响他人来实现自己想要完成的事情。

7. 谈判式影响策略

另一个重要的影响策略就是谈判。谈判是指你通过与他人协商来达成一

[一] "Sports Concussion Statistics". *Head Case*, https://bit.ly/1uaKnFY, accessed 26 July 2018.

个你（以及那些你想要影响的人）觉得可以接受的解决方案，从而实施影响的过程。这可能需要妥协，通常需要给对方想要的或帮他做他想做的事情，以此交换你自己想要完成的事情。在有些情形下，谈判可能是必需的。该任务是不是只给你想要影响的人带来很少甚至没有任何可感知到的好处？是不是你和你想让他做事的那些人拥有相同的权力？是不是双方都能够几乎同样地帮助或伤害对方？如果存在这些条件，你可能会发现谈判式影响策略极其有用。

我们来看一所大学的例子，新增课程必须由所有系部投票决定。这些新课程可能被认为能吸引学生转专业。因此，如果会流失学生，就没有理由让自己的系投票支持另一个系的建议。如果想让大学新增一门课程，有一部分工作就需要用到谈判策略。你该怎么办？你可以主动支持另一个系的新开课建议，或者你可以给其他系想要的其他东西，以换取它们对你的支持，同时表明（如果建议被接受），你不会抢走他们的学生。

乔治·华盛顿（George Washington）成功地向我们展示了在美国赢得独立过程中至关重要的谈判策略。

美国独立战争期间，1781年夏天，英国的势力已被分割在两个据点：纽约和切萨皮克湾（Chesapeake Bay）。法国作为盟国，有一支由法国士兵组成的派遣队和华盛顿将军一起作战，由让·罗尚博将军（General Jean Rochambeau）率领。然而，英国军队的实力比美法联军更强大。但如果盟军一起对付已经被分割开的英国军队，那么他们比其中任何一支英军都要强大。因为这两支英国军队被分割开来之后，就可以被逐个击败。

法国有一支强大的舰队，由弗朗索瓦·德·格拉斯上将（Admiral Francois de Grasse）指挥。但是飓风季节从夏末开始，到了秋季变得更加糟糕。德·格拉斯不想参加北边的战斗，担心自己的舰队在海上会被风暴摧毁。

华盛顿最初的计划是在切萨皮克湾地区击败英军，然后向南进攻在查尔斯顿（Charleston）或威尔明顿（Wilmington）的英军基地。他通过谈判获得了德·格拉斯的支持。华盛顿让德·格拉斯将军明白："如果你向北航行，在我对切萨皮克湾开展行动时确保控制住海上的局势，战争结束后你可以立即回到西印度群岛。"换句话说，华盛顿没让德·格拉斯支持当年早些时候的其他联合行动，以换取他对进攻英国在切萨皮克湾军队的即时支援。德·格拉斯回答说，他会让自己的舰队在10月中旬之前保持待命。

8月30日，德·格拉斯的舰队抵达了弗吉尼亚州（Virginia）的约克镇（Yorktown）外海。他还带来了增援部队和舰载火炮。更重要的是，他把康沃利斯勋爵（Lord Cornwallis）领导下的英国陆军和纽约地区的英军分割开了。6周后，康沃利斯投降。约克镇战役是独立战争的决定性战役。由于本次战役的胜利，英国在第二年春天开始了和平谈判。⊖

8. 参与式影响策略

如果你能让其他人参与到你想做的事情，他们更有可能把你的目标当成他们自己的目标，并努力去实现。正因如此，参与是一种非常强大的影响策略，而且通常可以很容易地和我们已经讨论过的一种或多种策略结合在一起使用。德鲁克发现，这是日本人如何进行管理的重要秘密因素之一。日本人将这种技巧称为禀议（rinqi）。日本的领导者会不遗余力地确保各级领导和员工对其所提议的行动做出贡献。在每个人都有机会了解并讨论该项提议之后，行动才会开始实施。在美国只需几天就可以做出决定，在日本可能需要几个月时间。因此其他国家的高管和日本人做生意，有时候会对禀议感到非常懊恼。然而，一旦做出决定，日本的整个组织都会参与其中，并努力争取成功。接下来，日本人执行决定的结果会非常迅速有效。相比之下，美国的组织虽

⊖ Selig, Robert A. " Francois Joseph Paul Compte de Grasse, the Battle of the Virginia Capes, and the American Victory at Yorktown ". AmericanRevolution.org, https://bit.ly/2OU6oaM, accessed 28 July 2018.

然有时候能很快做出决定，但执行起来却很费时。原因是美国组织中的很多成员并没有参与进来，可能对行动或目标不完全支持。

拥有想法、战略和目标的重要性

为什么参与如此重要？一个重要的方面是拥有感。我们为自己的事情而工作会更加努力，这是人类的本性。因此，其他人的想法不可能立刻变成我们自己的。切斯特·卡拉斯博士（Dr Chester Karrass）一生中的多数时间都在从事谈判方面的研究，并就此话题撰写了多部专著。

在他的一次讨论会上，卡拉斯提醒我们，介绍自己的最新想法时要留出足够的时间。他说："介绍想法就像介绍新朋友一样。让别人的朋友成为自己的朋友，我们要花时间去认识并了解他们。因此，当你把新的想法告诉别人时，你必须给予他们足够的时间来慢慢消化这些观点，这样你才能获得他们的认可。"所以，让别人们参与进来是一种成功的影响策略。但我们必须留出足够的时间，让这种拥有感产生出来。

有人说做一道菜的方法有很多。我相信这是一种比喻说法。因为在任何情况下，你在通往巅峰的路上都会有多种策略及其组合来影响他人。你的工作就是选择其中合适的那一个，依据是所处的形势和所参与进来的人员，包括你自己相对于他人所拥有的相关权力，以及可以决定你能做什么的其他变量。这就是德鲁克在自己职业生涯中所做的事情。

第18章
如何应对风险

不敢冒险的人通常一年犯大约两次重大错误。敢于冒险的人通常一年也会犯大约两次重大错误。

——彼得·德鲁克

想要抵达巅峰，你不可能消除风险。德鲁克很早就认识到，希望消除风险的想法是徒劳的。他曾冒着风险，从道博林高级中学（Döbling Gymnasium，相当于美国的高中）毕业后，没有立刻去上大学。他父母可能是希望他毕业后马上进入大学。相反，他到德国汉堡的一家棉花进出口公司当起了学徒。但这并不是他的最后一次冒险。一年之后，他冒着风险离开了学徒岗位，开始攻读国际法博士学位，这与棉花贸易行业大不相同。1933 年，他冒险离开德国，前往英国。1937 年，他又冒险离开英国，到了美国。他顶着风险，接受了本宁顿学院的教学岗位，因为他所教授的学科是政治科学与哲学，而不是他在攻读博士学位时所学的法学。当然，他还承担了另外一个风险，他承诺与通用汽车公司合作，完成长达两年的社会科学分析，这明显是一份全职工作。接着，他冒险离开本宁顿学院，来到纽约，成为纽约大学的管理学教授。对他来说，这是一个新的学科，尽管他先前从未教授过管理类课程，但至少这个学科和他在通用电气公司所做的咨询工作有些共通之处。20 年后，他又冒险离开纽约大学，放弃了终身教授职位，迁居到 2 800 英里以外的加州，在一所规模较小且鲜为人知的大学里当了一名管理学教授。在他离开纽约时并没有工作。那时他 62 岁，如今很多人认为这是一个应该退休的年龄，当时的人们也这样认为，但德鲁克却开始了他在加州的工作。㊀

㊀ "Peter Drucker Biography". *The Famous People*, last updated 29 May 2017, https://bit.ly/2K-CyqEg, accessed 27 July 2018.

将军和天才

德鲁克和詹姆斯·杜立德将军（General James Doolittle）一样，也是一位能测算出风险的大师。杜立德曾是位杰出的飞行员，他离开军队后进入了壳牌石油公司（Shell Oil）的公共关系部门。但随着战事吃紧，他又离职回到空军部队。珍珠港遭到轰炸后的第 4 个月，他率领 16 架 B-25 中型轰炸机从大黄蜂号航空母舰上起飞，对日本进行了孤注一掷的突袭，当时的重型轰炸机都没有执行过这种任务，因为它所携带的油料只够执行轰炸东京和其他日本城市的单程飞行。但杜立德是风险精算大师。德鲁克也是。德鲁克甚至把经济上的进步定义为承担更大风险的能力。[一]然而，他却比杜立德将军更进一步。杜立德分析了他所承担的风险，而德鲁克却把风险作为一个概念进行研究，并展开了深入的分析。

德鲁克对风险的四种分类

德鲁克把风险分为四类。[二]第一类，必须接受的风险，是自己所在行业或专业所固有的。如果你是职业拳击手或橄榄球运动员，你就要面临伤病的风险，这类风险是家常便饭。你必须接受这些伴生风险，这是运动的一部分。

第二类和第三类分别是你能够应对和没有能力应对的风险。耗费金钱和精力去追求一个机会，这必须是你能够承担得起的风险。当然，如果你没有钱，必须借钱，而且相对于你的经济能力，它的数额太大，那么不管这个机会有多么诱人，这也不是你能够承担的风险。换句话说，这是你无力承担的风险，也就是德鲁克所指的第三类风险。

[一] Drucker, Peter F. *Management: Tasks, Responsibilities, Practices* (New York: Harper & Row, 1973, 1974), 512.

[二] Drucker, Peter F. *Managing for Results* (New York: Harper and Row, 1964), 206.

第四类风险是你不得不承担的风险。费时、费钱并且费力去追求一个机会就是你应该愿意去承担的风险。当然，如果所耗的钱财或资源超出了你能承受的范围，让你无法生存，你就不能承受这样的机会。换种说法，如果杜立德将军，当时还是中校，在执行单程轰炸任务时无法承受损失16架轰炸机的风险，他就不该冒这个险。事实上，这16架飞机中有13架因为燃料用尽而损失，但这种可能性在飞机起飞之前就已经被考虑到了，并且根据计算，相对于成功完成任务对战争所带来的影响，这些损失是值得的。

不能承担的风险就是无法让你利用成功的风险。最初需要的投资往往具有误导性。新企业往往需要有一定的资源来取得初步的成功。不幸的是，德鲁克发现，如果项目彻底失败，最初为新企业成功筹措的资金就是全部的风险。如果项目成功，就会需要更多资金来利用不断壮大的机会。需要这笔钱时却得不到，就是你不能承受的风险。㊀

你也可能在自己的商业领域之外找到诱人机会而身陷困境。我记得有一位朋友开了一家成功的人才管理招聘公司。在公司发展的缓慢期，业务出现下降，于是他决定把资源转移到一个多层次的营销机会中，直到情况好转。20多年来，他一直都是成功的猎头，他和公司都建立起了良好的声誉和形象。的确，业务发展在这段时间有所减慢，他也的确具备在多层次营销机会中一展身手的能力。然而，这种另外的机会完全超出他的正常业务范围，导致他以失败收场，幸运的是这次失败没有给他的现有业务造成太大的伤害。这可能就是人们最终放弃使用主流的业务组合分析法的另一个原因。该方法认为，企业经常兼并其他企业是其成功之道，因为这样做能自动增加销售。也许收购方具备包括财务资源在内的各种资质，对于被收购企业会有所帮助。但由于两者业务完全不同，后续会产生一系列问题，这也是仅仅收购其他业务经常导致失败而不是成功的一个原因。

㊀ Ibid., 207.

糟糕的是，新企业取得一定的初步成功之后，不仅会面临资源短缺问题，还会面临知识短缺和市场本身不足的问题。

此外，有些风险在一个行业完全可以接受，而在其他行业则不然，在这里，它们可被视为你承受不了的风险。德鲁克曾考察过制药行业，并用它作为例子来进行分析。制药厂的目标是通过研发新药来治愈或缓解病痛。但新药品往往经过大量的安全性测试后，仍被发现可能是有危害的。不幸的是，这种情况屡屡发生。

承受合适风险的办法是提前准备，并做全面分析。这就是杜立德突击队在决定发动空袭时所采取的做法，尽管在袭击发动之前就已经知道会出现燃料不够的问题，无法确保他们抵达攻击目标之后，能顺利返回位于中国的回收基地。

我曾亲眼见证过一家大型航空公司的高层决策者做出决定，投入大量财力和人力到公司一无所知的产品和业务中，其依据就是因为一位销售员在会议上一句近乎随意的评论。该销售员由于最近拜访一位政府客户，从而觉得这种产品会有市场需求，但他并没有准备做额外的严肃调研。让我十分惊讶的是，在这种情况下，公司竟有大量公告、一连串的活动和任务，以及大量的资金和其他资源投入其中。经过 8 个月时间，在浪费了大量资金和资源之后，该项目最终悄无声息地停掉了。其实不应这样做事情。

德鲁克所认同的基本理念是，在决定承担风险之前，要仔细弄清楚可能发生的最坏情形是什么。如果你认识到这一点，能够接受最坏的情形并完成必要的分析，那么即使有风险，你也已经准备好继续做下去了。

面对任何风险都会心生恐惧

在分析任何新的风险或新的机会时，不仅有风险，还可能面对没有事实依据的恐惧心理，因为只有在完成全面分析之后，我们才能知道全部的事实，什么是真实的或是对的，以及什么是不对的。托尼·罗宾斯讲过，恐惧代表的是"看似真实的虚假证据"。这句话很有道理，因为我们通常对一个问题知道和理解得越多，无论它与商业机会或其他任何事情是否有关，虚假的证据就会越少，我们对参与其中的恐惧也就越少。因此，减少与任何机会相关的恐惧，可以通过在调研分析的早期尽可能获取全部事实来实现。

分析问题不必花太长时间

我的一位友人，名叫卢·莱纳特（Lou Lenart），于2015年去世，当时已是90多岁高龄。他是匈牙利裔犹太人，10岁时和父母一起离开了匈牙利，以躲避纳粹的迫害。中学毕业后，他自愿加入海军陆战队。那个时候，美国已经加入了第二次世界大战。海军陆战队征兵中士看了看这位带着匈牙利口音的瘦小年轻人，说："海军陆战队里非常艰苦，哪怕最基础的训练也不轻松。你肯定自己能完成基础训练吗？"莱纳特立刻回答："只要你能做到，我就能。"他说到做到。之后他立即志愿参加了飞行训练，成了一名海军陆战队战斗机飞行员。他执行过众多对日作战任务，到战争结束，他已经晋升为海军上校。

由于经历过战争，莱纳特被任命为刚刚组建的以色列空军的飞行指挥官。1948年，7个阿拉伯国家联合入侵以色列。同年5月29日，1支埃及装甲部队慢慢逼近特拉维夫（Tel Aviv）。这个故事是莱纳特讲给我听的，也是他那年为什么会应邀在亚拉巴马州蒙哥马利市空军战争学院（Air War College）发表演讲的原因。

以色列所拥有的可用于抵抗埃及军队的唯一力量就是四架拆分成部件运来的梅塞施米特式109型（ME-109）飞机。但是这些飞机与二战期间著名的德国飞机并不一样。虽然拥有同样的ME-109机身，但当时可用的引擎动力不够，也不可靠。捷克人把这种飞机称为 S-199，而这些就是以色列人用来保卫自己新生国家的全部飞机，因此以色列人对它们十分感激。4 架飞机空运至以色列，并重新组装，但它们甚至还没经过安全试飞。莱纳特被召到位于特拉维夫的以色列空军总部，命令他率领这 4 架飞机抵抗埃及军队。莱纳特接受了命令，但请求推迟一天行动，以便在战斗前先对飞机进行试飞。他清楚，如果不先试飞，他就得在战斗飞行中承担额外的风险。可他却被告知，一天也不能推迟。埃及军队已经十分逼近，如果他推迟一天，那么在第二天之前，特拉维夫可能就已经不再需要防守了。用没有经过试飞的飞机立刻攻击埃及纵队的正面效果是让埃及人大吃一惊，因为据他们了解，犹太人并没有飞机，埃及人会因此措手不及。这样，战斗的收获可能会远远大于其支出和风险。

　　莱纳特知道自己和其他 3 名飞行员将会面临的风险。他们一致认为这样做是值得的，并很快就起飞迎敌了。在这种情况下，仅仅让 4 架飞机离开地面飞起来就应算成功了。莱纳特和其他 3 名飞行员在战斗中面对的不仅仅是牺牲生命，这是他们参加行动的正常风险，也不仅仅是飞机报废，最大的风险是他们也许不能成功地让埃及军队退回去，或者说，至少阻止他们深入到特拉维夫的商业区和人口中心。他们没有能力摧毁敌人的整个纵队，这 4 架战斗机也携带不了那么多弹药，他们清楚这点。不管怎么，莱纳特和他的战友的确成功地阻止了埃及军队的逼近，也许是因为空袭给埃及人带来的巨大心理震慑，他们没有料到以色列会有战斗机参加战斗。但是这次攻击也不是没有代价的：损失了一架飞机，飞行员也牺牲了。在活下来的飞行员中，有一位名叫埃泽尔·魏茨曼（Ezer Weizman）。10 年后，他成为以色列空军司令，后来接任国防部长，再后来，他还成了以色列总统。

　　莱纳特没有用太长的时间来分析风险，就确定了应该做什么，并且根据当时的机会，承担了适度的风险。他只是承担了必须承担的风险。回顾他的行动，更强调了承担风险的核心事实。如果机会出现在眼前，我们总要承担一些风险的。当患病威胁到自己生命的时候，病人同意冒险做手术，是因为手术能救他的命，并且这是唯一的选择。对这位病人而言，这个机会和莱纳特拯救特拉维夫免遭占领的机会一样重大。

培养机会带来风险

没有机会就不会有风险。然而，不采取行动却会有最大的风险，人们可以从人类众多的活动中看到这种情形，个人生活中的决定、商业决策，或者在国际舞台上和国家层面，没有采取行动是因为它们不受欢迎或自己怕惹麻烦。一旦要为不做任何被认为有风险的事情找借口，你就肯定能找到各种理由。但对于冒险，合理的理由可能要比为不愿冒险而准备的众多借口更为重要。

在通往巅峰的道路上评估风险，就必须确定自己想要把握的机会是什么，愿意和不愿意接受的相关风险是什么。德鲁克给出了如下建议：

- 专注于最大化机会，而不是最小化风险甚至消除风险。
- 多方面而不是单个甚至是孤立地看待重大机会。
- 分析机会是不是和自己要做的事情相匹配。
- 在短期简单的改进型机会和长期更为艰难的机会之间找到平衡。

总而言之，你如果想要抵达成功的巅峰，就不可能杜绝风险，但你可以管理好风险，并要为能帮自己取得成功的机会承担适当的风险。

第19章
积极心态的重要性

PETER DRUCKER'S WAY TO
THE TOP

成果是通过利用机会获得，而不是通过解决问题获得的。表现好的人往往热爱自己的工作。

——彼得·德鲁克

德鲁克是一位管理思想家，他关注各种积极因素。他知道，在很多时候，个人的态度可能比能力、资源、过往的成功更为重要，有时甚至比其他一切都重要。此外，他还发现，热爱自己工作的人都会表现不错。这对个人的自我发展和自我管理、克服困难及在自己所做的事情取得成功都极其重要。这显然意味着，如果你并不喜欢所从事的事业或工作，或已经不再享受，你就应该离开，去做些别的事情，或者到其他地方去做。

德鲁克众多的职业经历

德鲁克曾几次离开他正在进行的职业生涯。他的留职或改换职业都有据可循。起初，他在一家棉花贸易公司做学徒，一开始，他非常热衷于在这类公司工作。但与此同时，他还获得了汉堡大学的法学学位，这可能是为了实现他父母的愿望，他同时还博览群书，涉猎广泛。大量的阅读和尝试其他活动激发了他的欲望：从事研究工作并成为一名教授。一年后，他结束了学徒生涯，在夜校获得了法学学位。但他从未做过法律工作。相反，他前往法兰克福大学并获得了国际法博士学位。他曾对自己的博士生讲过："国际法博士学位是最容易拿到的学位。"我想，他是冒着大批学生流失的风险才说出这番话的，毕竟当时他的学生在管理学领域遇到重重挑战，都快被压得喘不过气来了。当时我们也是在痛苦地攻读管理学博士学位。因为喜爱写作，德鲁克还同时从事新闻工作。不过在希特勒上台后，他就放弃了在科隆大学做教授和研究员的目标。他十分清楚在希特勒统治下会发生的事情，这迫使他做出决定，移民到英国。这限制了他的研究工作，阻碍了他的写作，直到他掌握了英语，情况才有所改观。

经济上的需求迫使他成为一名经济师。当时，他在银行和保险公司工作过，不过他对此并不感兴趣；可是，即便是德鲁克也是要吃饭的！尽管他多次改变策略，但他从未放弃过成为教授的目标，于是他离开英国，移民到了美国。他坚信，相比在英国，他在美国有更多的机会获得教学岗位。后来，他在美国从事过写作、政府雇员等临时工作，还意外地做过咨询工作，这些工作经历的交织使他成为纽约大学的教授。1969 年，他终于被授予了纽约大学最高荣誉 "校长奖"（Presidential Citation）。㊀他专注于思考他所说的社会生态学，并就此撰写文章，他创造出的社会生态学这个话题（如果不是创造了整个领域的话），关注的是人和所处的环境之间的关系。德鲁克认定它是自己的终生工作，这是教书、写作、咨询、演讲或其他事情所无法比拟的，他热爱这份工作。

德鲁克对企业管理者不抱希望了吗

德鲁克热爱一切工作，但有传言称，他在生命最后几十年时间里，放弃了自 1946 年写下《公司的概念》以来一直从事的工作。有人说，因为企业管理者在道德及其他各方面都无视他的指导，于是他抛弃了这些人，把自己的才学奉献给了非营利事业。对此我表示疑惑。研究营利或非营利问题属于社会生态学的范畴。此外，德鲁克对企业运营的众多见解之一是，伟大的进步可能来自把一个行业的创意经调整后使用到另一行业。从事非营利机构研究多年以后，他分享了自己的见解：领导对待付薪员工要和对待无偿劳动的志

㊀ Drucker, Peter F. *Management: Tasks, Responsibilities, Practices* (New York: Harper & Row, 1973), 325.

愿者一样，因为在自由社会，知识工作者总能在另外地方找到工作，并且这会频繁发生。

你的态度积极吗

我们总会时不时地感到压抑，有时好，有时不好。但你的总体感受如何，如果感觉不如期望，你会如何改善？亚伯拉罕·林肯（Abraham Lincoln）曾说过："多数人都会幸福，只要他们下定决心这么做。"⊖但林肯自己却饱受抑郁困扰。

幸福研究：如何立刻变幸福

林肯总统的说法不算牵强。当今对心理学方法和技术的研究产生了同样惊人的结果。在出版了畅销书《积极思考的力量》之后，诺曼·文森特·皮尔立刻闻名世界。他的这本书曾位列《纽约时报》畅销书排行榜近4年之久，迄今为止已售出500多万本。其实，皮尔的方法就是保持积极心态，逆境中仍然要相信自己能够实现任何目标，并持之以恒。成功创意无可辩驳。我自己就曾见过并经历过许许多多看似无望却最后成功的创意，在我看来，情况似乎如此，尽管你可能最终未能实现期望目标，但如果你自己都不相信最后会取得成功，那你就注定会失败。绿湾包装工橄榄球队的传奇教练文斯·隆巴迪是这样说的："我们从未输过，只是有时候时间过得太快罢了。"⊖

⊖ Lincoln, Abraham. *Brainy Quotes*, https://bit.ly/2APdqdQ, accessed 28 July 2018.
⊖ Lombardi, Michael, " New Orleans Saints Never Stood a Chance Without Sean Payton ". *NFL Front Office View*, November 30, 2012, https://bit.ly/2AVgNjE, accessed 28 July 2018.

但我们能不能在需要时立刻就高兴起来？或许可以，德鲁克很可能掌握了这个本领。皮尔的书出版4年之后，杜克大学（Duke University）的霍内尔·哈特博士（Dr Hornell Hart）出版了著作《自动调节》（*Autoconditioning*）。㊀哈特所用的基本方法就是进行两分钟的自我管理测试，他称之为"情绪测量仪"（mood meter）。你在测试时，会使用一些自我催眠技巧，然后再重复一遍。这种方法看似有点过于简单，却十分奏效。自我催眠能显著改善情绪。你的心态的确有所改变，帮助你获得成功。德鲁克对此深表赞同。

如果想尝试这种方法，你只要简单地让身体各部位都处于完全放松的状态，把注意力首先要集中到手和手指，然后转向全身，直到抵达双脚和脚趾，从而将自己带入催眠状态。一旦完全放松下来，你就可以把注意力集中到你想做的任何事情上，不论是获得快乐、控制疼痛还是完成其他事情。结束整个催眠过程以后，在心里慢慢从1数到10，从而让自己完全清醒过来。我没有和德鲁克探讨过这个方法，现在想来有点儿遗憾。从那以后，我惊奇地发现很多成功人士都会运用这类方法或类似的方法，但他们很少会公开承认。

自皮尔以来，已有数百种方法被引入进来，从神经语言学到火上行走疗法（fire-walking），再到席尔瓦（Silva）的精神控制法等。德鲁克自己没有运用过这些方法，也没直接向任何人推荐这些方法。不过，他的行动表明他曾用过某些具体的方法来提升自我。我们可以用他的阅读习惯举例。我之前讲过，他的妻子曾透露，德鲁克没有深入仔细地阅读过管理类书籍，只是快速浏览。但他阅读历史书籍却极为认真。我相信，他运用了在其他领域的过往研究成果，从而发展了管理学理论，并对其进行检验和加以运用。通过这种方法，他得出了自己的理论，即任何行业的巨大跨越都源自某些在完全不同的行业中最先实践的东西。

㊀ Hart, Hornell. *Autoconditioning: The New Way to a Successful Life* (Englewood Cliffs, NJ: Prentice-Hall, 1956).

我一直对自己所谓的"精神念头"饶有兴趣。在这些精神念头中，我无意间发现了一种方法，我的一个儿子就凭借它通过了考试，最终考入西点军校，并顺利地完成了4年的学业。其实，我自己也用过类似的方法，我用它考取了西点军校。不过，这些方法需要自己摸索。每个人都需要找到那个最适合自己的方法。我觉得，如果德鲁克能在提升自我的过程中注意到某个方法，那他很可能会尝试着使用。他似乎常常保持着积极乐观的性格。在考博士之前，我问了不少教授应该看些什么书，或在准备时应该注意些什么，只有德鲁克先生叮嘱我："不要阅读或学习额外的东西。你已经为综合考试做足了准备。"尽管我听取了他的建议，但我还是得继续使用各种方法进行减压。

几年前，在一次西点军校同学聚会上，我与班里最有声望、最著名和最成功的皮特·道金斯（Pete Dawkins）有过一番讨论，我还详细描述了其中的一些方法。道金斯曾是位顶尖运动员，一位获得过国家海斯曼奖杯（Heisman Trophy）的橄榄球运动员，他还在其他项目上斩获过荣誉。海斯曼奖是用来表彰美国大学橄榄球联赛年度最杰出运动员的奖项，获得此奖杯的人不仅得球技过人，还必须品行良好。道金斯是橄榄球队的队长，学业成绩也名列全班前10%。他曾被选为"第一上尉"，这是军校学员在学院队伍内能获得的最高军衔。他是班里的班长，还是西点合唱团（West Point Glee Club）的成员，荣誉拿到手软。我发现，他用到过一些我在日后生活中学到的方法。这次讨论导致了西点军校的很多改变与创新，包括运用冥想来减轻压力和达到目标，并让我明白了多年以来我所学会的其他方法。这一切都取决于你看待事物的态度。下面让我以自己为例。

我的生活经历

德鲁克认为，挖掘机会和获取更多成果比解决问题更加重要，其意图在鼓励我们积极行动，而不是消极应对。每个人在生活中都会遇到糟糕的情况，需要自己去解决问题，让自己在这个过程中变得积极主动。个人针对这些情况的态度和反应至关重要，因为你在生活中需要不断进步。每个人在生活中都会遭遇困难和消极事件，重要的不是发生了什么，而是我们该做些什么。

很少有人知道，德鲁克在生命的最后几年里曾遭遇严重的健康问题。他从未公开透露过，仅仅向一位来访者袒露，说自己并不在意晚年能活多久，却对安详离世更有兴趣。尽管无法控制自己行动不便的手脚，他晚年依然成果丰硕，成就斐然。

相较之下，我遇到的困难就小多了，但也算是个挑战。约两年前，我得了严重的中风，身体左侧完全瘫痪，失去了说话能力。这对于一个以演讲为生的人来说简直是灭顶之灾。但我积极开展训练，尽管说话能力在几天内就基本恢复，但起初我讲得不是很流畅。几个星期以后，情况才有所改善。我只能平躺着，一开始都坐不起来。在急救员把我从家里接到急诊室后，我在医院中风病人康复室里住了好几个星期。出院时，我坐着轮椅，生活几乎不能自理，睡眠也不好。我可以借助助行器艰难地走个三四米。在第一次走完这三四米时，我非常自豪，尽管我已经精疲力竭。这对先前身强体壮、非常活跃的人来说，的确是个重大转变。我曾一度使不上劲。最快乐的时刻莫过于出院回家。没错，我坐着轮椅，但我还能用助行器走上一小段距离。

我家是二层小楼，但我的活动被局限在一楼，睡觉在地下室的闲置卧室。只有在护工的帮助下，我才能洗澡、上厕所。我在浴缸侧面安装了类似椅子的特殊装置，在他人的帮助下，我可以爬进去，然后护工用涂满肥皂的湿冷毛巾为我擦拭身体，而我只能艰难地用活动喷头淋浴。不知怎的，我的妻子尼里（Nurit）竟能处理好我这个中风患者带来的种种不便，同时还能坚持上班，日程也排得满满的。

我们的新生活并不容易。我不仅几乎不能自理，甚至是小小的事故也都会造成巨大影响。比如，我曾从助行器上摔下来，右肘擦破了皮，还露出了骨头，伤口近两个月才愈合。我请了个护工，每周工作 5 天，从上午 9 点到下午 1 点 30 分。我疼痛难忍，却找不到有效的止痛药。这是因为我在服用预防中风或心脏病的药物，血液已经变得非常稀薄。即使一片阿司匹林也会让我的血液变得更稀，如果服用，可能会带来严重后果。每次睡觉最长睡 4 个小时左右，我就会被疼醒。最后，我发现如果看几个小时的电视，自己可能会累得再多睡上两三个小时。据网络消息报道，中风幸存者往往容易抑郁，自杀率很高。这一点我能理解。与此同时，我的妻子尽量把一切安排妥当，仍然当她的全职临床心理医生。而我，只能尽力照顾好自己，让她在晚上睡个安稳觉。

我决定重拾工作。我曾是一所获得 MBA 认证的研究生院的院长。我现在重启了领导艺术研究院（The Institute of Leader Arts），开展国际培训，尽管我说话还不利索。以前，我身体很健康，为自己几乎比所认识的任何人都强壮而自豪。但尽管我曾经身强力壮，健康无病，终究还是得了严重的中风。我不知道是什么原因引起的。但我清楚，自己的身体条件和积极心态给康复带来了巨大的帮助。

我的第一个大目标是搬回一楼，那里有我的办公室，我可以继续使用电脑。我知道自己做不了太多事情，但我仍能写作。我原先已安排了 3 场在墨西哥城的演讲，时间就在中风的 1 个月之后。当然，我现在已经不可能讲了，我取消了这几场演讲和往返机票。我还接受了在中国的 1 场演讲安排，是 6 个月以后。我以为自己可以去，但我错了，我不得不取消这场演讲。

当然，我的长远目标是完全康复。但有人告诉我，完全康复可能不现实。我应该庆幸自己还活着，但无论如何，我的第一个目标只是能够上楼，使用电脑。

刚出院时，我请了几个星期的理疗师，每周两次。首先，我得学会自己从轮椅上起身，站到助行器前，然后再坐回到轮椅上。康复师给我示范了一番，还教我如何从轮椅上站起来，利用助行器的训练方法。理疗师不来的日子里，我会在护工的帮助下，自己练习使用助行器，每天1个小时。几个星期后，我的上半身和腿部就恢复了力量，可以用双臂放在单边楼梯扶手上，拉着自己上楼、下楼时，也可以把双臂放在楼梯扶手上慢慢放松下楼。我需要有根安全带，让人拉着以防我跌倒。那时候，理疗师对我能这样做感到很惊讶。她告诉我，她真不敢相信我这么快就能做到这一切。我知道，人们通常能做到的比自己想象的要多得多，并且我觉得自己比那些在阿富汗或伊拉克负伤的士兵境况要好得多。毕竟，我"只是"得了中风。

跌倒是中风患者面对的重大危险之一。我摔倒过多次，但很幸运，只有一次是摔在楼梯上，虽然有时会出血，但都没摔断什么。我一直很幸运。我每天锻炼，增强腿部和双臂力量。过了一段时间，我就可以用宽座手杖代替助行器来行走了。这根手杖有个12英寸见方的底座，但刚开始使用它行走也十分困难。

后来，我决定独自用镀镍手杖支撑着在淋浴房洗澡，擦干身子后再擦干手杖。淋浴房很小，不可能摔倒，护工则守在淋浴房外面，以防不测。很幸运，我从未摔倒过。不管怎样，我不用忍受护工用冰冷的肥皂水帮我洗澡了。

刚开始在电脑前工作时，我的精力只够每天写作半个小时左右，我慢慢地延长时间。此外，我每天要训练约1个小时，并开始在晚上和妻子外出吃饭，她充当我的护工。这有助于改善我的精神状态。我日益好转，从开始时的轮椅，到助行器、宽座手杖、普通手杖，最后到了今天，我根本不需要手杖支持就能走路。

我在电脑前做什么工作呢？首先是写作。我有两个计划，其中之一就是你手中的这本书。我运用了德鲁克教给我的自身发展方法，他用这些方法登上了他在管理思维职业生涯的巅峰。我想他会为此感到欣慰，他的思想仍在帮助着人们。

我知道德鲁克一直在忙碌各种有意义的工作，即便在 90 多岁，身体受到病痛折磨，依然如此。为了对付因中风而产生的抑郁和无望心理，我在条件允许的情况下，也开始忙碌自己手边的工作。我拟定了一份出书计划，邀请了多家出版商来审阅，最终 LID 出版社的编辑和我达成共识。我认为他们是最适合出版这本新书的出版商。他们先前曾出版过我的《彼得·德鲁克论咨询》(*Peter Drucker on Consulting*) 一书。[⊖] 我还是 7 家纸质和在线出版物的联合专栏作家，他们每月推出一期探讨德鲁克思想的专栏，每月读者多达 100 万，遍布 4 个国家。我已经提前写好了够几个月使用的材料，所以尽管中风了，我没有耽误过一篇专栏文章。以上所用的方法和我在本书中探讨的完全一样。

除了写作之外，我还把领导艺术研究院从我担任校长和首席执行官的研究生学院——加州高级管理学院（California Institute of Advanced Management，CIAM），独立出来。由于两者都在加州北部，我计划在身体彻底康复之后，引入国际培训和咨询的新理念。这一切很快就要实现了。

这段时间里，通过一天又一天的艰苦努力，奇迹不断出现。我可以不用手杖走好多步了，虽然走起路来就像弗兰肯斯坦博士（Dr. Frankenstein）制造的怪物，但我能走了。我把这看成是重大胜利，对鼓舞我的士气有很大作用。

我的另一个目标就是做一场现场演讲。我重新学会了开车，接到现任校长詹妮·塔（Jennie Ta）的邀请，我给来自加州高级管理学院的学生和老师们做了 1 小时的演讲。我担心站 1 个小时可能会很累，就要了一把椅子。但我

⊖ Cohen, William A. *Peter Drucker on Consulting: How to Apply Drucker's Principles for Business Success* (London: LID Publishing, 2016).

还是站着讲了 1 个小时，并觉得如果有必要，我还可以继续站着讲下去。我所做演讲的题目是《创新还是泯灭》(Innovate or Evaporate)，演讲反响强烈，现在我已经把它加到我的培训目录之中。作为韩国退伍军人团体的客人，我还在洛杉矶举行的约 500 人参加的第一次年度会议上发表了简短的演说。

朋友和同事都认为我是个奇迹。我的护工曾照看过多位中风病人。她告诉我，我的确与众不同。她之前护理的中风患者都得了偏瘫，谁的恢复程度都没能达到我的水平。尽管理疗师努力帮助他们，但只要理疗师不在，他们就不会多做额外的训练。他们从来不想回去工作。显然，他们像接受判决那样接受了自己的状况，那就只能这样了。

我做了哪些什么与众不同的事呢？我拥有不同的认识和态度。我制定一系列目标，并持续努力去实现它们，我有强烈的欲望和意图去实现自己的目标。我的态度也不同。我希望你们在遭遇困境时，亦能如此。

他们说，给人提建议的人应该"以身作则"。我想我做到了。你可能会问，我现在怎么样了？我并没有完全康复。但我的情况仍在改善，一天比一天强壮。我每周有几天都会练习举重。我的力量和耐力还没有完全恢复，但身体看起来已与中风之前无异。有人说我是奇迹，或是励志人士。我也认识一些曾克服更大困难的人，他们都是鼓舞着我的榜样。

最近，我得到了另一份工作的面试机会，是另一所经过认证且规模比我先前管理的学校大得多的大学校长的职务。我决定不去参加面试，不是因为我不能胜任这份工作，而是因为我忙于自己的其他活动，抽不出时间。

每个人的恢复速度都不一样。我知道自己很幸运，还有很多人对我施以援手。但有人告诉我，我之所以恢复得这么快，态度起到了至关重要的作用。中风时，我已经 79 岁，因此年龄不是你拒绝康复的借口，生活终究还得继续。

不管怎样，我已经恢复得足够好，不论是专业演讲还是写作方面，都可以承担几乎与中风之前相同水平的工作。不，这样说不准确。我认为我的工作能力上了一个层次。我只能补充一点，如果你愿意采取德鲁克的方法，保持积极的态度，你一定会为自己所能做到的事情而感到惊讶。

改变个人态度的一些不予推荐的方法

还有其他办法可以改变个人态度。德鲁克既没用过，也没推荐过。我也不会推荐。有些方法的效果过于短暂，还可能造成伤害。另一些则会让人上瘾，甚至可能将人带向自我毁灭。例如，得到某些东西有什么不好吗？感觉不好吗？为自己买一串昂贵的珠宝或一辆新车，或吃点巧克力，你会感觉好些吗？当然会。但这种良好感觉又能持续多久？不会很久，稍纵即逝。有些人试图通过获得财富来改变自己的态度，但这似乎需要越来越多的财富来维持期望的变化。这种做法除了会导致人际关系的破坏，还常常让人做出糟糕的个人或商业决策。德鲁克严守个人准则，成功地避开了这些陷阱。他的个人道德准则建立在全面调查、分析和严格遵守的基础之上。

这在德鲁克的个人生活中很容易就能看出来。德鲁克曾经很富有，但他并不会到处炫耀，也没有把积累财富作为人生目标。他生活在一个普通社区的一栋简朴的房子里。他从来不佩戴昂贵的珠宝，也不穿价值数千美元的西装。他不开过于昂贵的豪车，也不追求富贵出名的生活方式。他的力量来自他本人，尽管他积累了不少财富，但从不刻意炫耀。他对所有认识他的人，包括他的学生，都很坦率和诚恳。

坚持自己的积极态度

和其他很多事情一样，个人态度一旦确定下来就很难改变。一旦形成了对自己的刻板印象，你就会主动且习惯性地坚持。如果你的自我印象是勇敢果决，无论是身体还是智力，或者两者兼而有之，你总会试图去实现它，而违背这些感受会艰难得多。此外，其他与你共事的人以及与你不太熟悉的人，都能轻松看出你的态度，并会相应地认可和尊重你。这能极大地帮助你继续自我提升，实现自己的人生目标。这个重要事实，对你所工作的组织来说，也是如此，而且你的责任也会不断增加。

态度可能是最重要的

在观看 2018 年韩国冬奥会时，无论从运动员的成绩，还是从他们在赛前和赛后的采访中所展现出的态度，我都能得出这样一个结论：能力、表现和其他重要因素都受到个人态度的显著影响。正如德鲁克所展示的，这一切都在我们很好的掌控之下，并且在我们努力实现目标的时候十分重要，不论是中风之后的康复，还是在通往巅峰的路途中，都一样重要。

德鲁克在通往巅峰过程中所秉持的最重要的操守

- 个人价值观和正直品质
- 持续创新
- 设定目标
- 专业能力
- 执着
- 自信
- 规划
- 风险管理

没有人会永生，即便迄今为止我面对挑战时都取得了成功，我——或者我们中任何一个人——都可能会被卡车意外撞倒，或者遭遇挫折。这没法保证。但在我写下这些话的时候，假使事情真的发生，想想看，如果我荒废一年光阴，面对困难而不采取任何行动，我会过得更好吗？我想不可能。这就是德鲁克通往巅峰的方法，也是我的诀窍。我希望它也会成为你的方法。

译者后记

改革开放以来，中国经济的快速发展，造就了成千上万的各种类型的企业，也造就了对企业管理人才的大量需求。这些企业管理人才不仅要在残酷的市场竞争中支撑企业健康发展，而且他们自身也要在经营管理和市场竞争中不断地充实自己、提高自己。

社会各界对企业家队伍和管理人才队伍素质的提高，给予了积极的回应。各种类型的管理咨询服务和培训服务不断涌现；高校也在不断增开管理类专业的硕士和博士项目，以及众多的非学历培训项目。这些都为管理人才队伍的自我发展提供了巨大的帮助。另外，还有众多研究人员、实战人士也纷纷根据自己的经验和体会，撰写大量的专著和读物，为广大致力于提升自己的专业和非专业人士贡献出了他们的见解。威廉·科恩博士就是其中的典型代表。他的职业经历丰富多彩，具有广泛的管理实践经验；他也是最早接触工商管理硕士、工商管理博士等专业类项目的人士之一。尤其是他与德鲁克之间亦师亦友的关系，更让他受益匪浅。他把自己的学识、经验、师从德鲁克所得的教诲，以及在与德鲁克保持长期关系中所学到的点点滴滴记录下来，并结合自己的理解和体验，贡献给大家。围绕着德鲁克的教诲，科恩博士已经撰写过多部专著，不仅为大家提供了深入了解现代管理学之父德鲁克的翔实资料，也为大家增长管理领域的见识，充实管理理论，实现自我发展、自我提高，最后抵达人生巅峰，提供了理论结合实践的大量读物。科恩博士的不少作品已经被翻译引入国内，这本《德鲁克的自我发展智慧》是其中的代表作。

《德鲁克的自我发展智慧》是威廉·科恩博士的最新管理学著作，更侧重于个人职业生涯中的自我发展。作者总结了德鲁克的人生发展经历，并结合他自己的经验，在第 1 章介绍德鲁克成长之路后，从 18 个方面讲解了管理人员抵达人生巅峰的路径选择。本书内容翔实，理论讲解透彻，尤其是提供了大量经典人物的经典案例，能启发读者思考，自然而然地引导读者把管理学、营销学等方面的理论和实践经验用来指导自己的职业发展与人生发展。在每章的开头，作者都会援引德鲁克的经典语录，既点明了本章的核心内容，又能引起读者对后续部分的遐想和期待。相信本书的引入出版，对于广大已经或将要置身于各种管理实践的读者是个好消息。

本书的翻译得到了浙江师范大学经济与管理学院和外语学院众多老师与学生的帮助。浙江师范大学经济与管理学院的祝亚雄承担了原书推荐序和第 1、2 章等的翻译。周骞波负责第 3～5 章和第 15 章前半部分的翻译，范盛伟负责第 6～8 章和第 15 章后半部分的翻译，他们还为本书翻译的后期统稿校对做了大量工作。付刘梅负责第 16～19 章的初稿翻译。毛志丽（第 9 章）、邢金彦（第 10 章）、施鹏希（第 11 章）、金安怡（第 12 章）、俞菲（第 13 章）、葛玉梅（第 14 章）也分别承担了初稿的翻译和相应信息的查找与核实工作。祝亚雄负责全书的统稿和核对工作。浙江师范大学经济与管理学院的吴振阳老师对本书的翻译给予了大量的指导，与出版社进行了大量的沟通工作，并对全部翻译稿进行了最终审校，在此一并致以诚挚的谢意。最后，感谢本书责任编辑的辛勤付出。

由于时间的紧迫和译者学养能力所限，本书的翻译难免存在各种缺陷和问题，敬请专家读者不吝批评指正。

祝亚雄

2020 年 6 月

于浙江金华芙蓉峰下浙江师范大学

彼得·德鲁克全集

序号	中文版书名	序号	中文版书名
1	工业人的未来The Future of Industrial Man	21	迈向经济新纪元Toward the Next Economics and Other Essays
2	公司的概念Concept of the Corporation	22	时代变局中的管理者The Changing World of the Executive
3	新社会 The New Society：The Anatomy of Industrial Order	23	最后的完美世界The Last of All Possible Worlds
4	管理的实践 The Practice of Management	24	行善的诱惑The Temptation to Do Good
5	已经发生的未来Landmarks of Tomorrow：A Report on the New "Post–Modern" World	25	创新与企业家精神Innovation and Entrepreneurship:Practice and Principles
6	为成果而管理 Managing for Results	26	管理前沿The Frontiers of Management: Where Tomorrow's Decisions Are Being Shaped Today
7	卓有成效的管理者The Effective Executive	27	管理新现实The New Realities
8	不连续的时代The Age of Discontinuity	28	非营利组织的管理Managing the Non–Profit Organization：Principles and Practices
9	面向未来的管理者Preparing Tomorrow's Business Leaders Today	29	管理未来Managing for the Future:The 1990s and Beyond
10	技术与管理Technology，Management and Society	30	生态愿景The Ecological Vision：Reflections on the American Condition
11	人与商业Men，Ideas，and Politics	31	卓有成效管理者的实践（纪念版）The Effective Executive in Action: A Journal for Getting the Right Things Done
12	管理：使命、责任、实践（实践篇）	32	巨变时代的管理Managing in a Time of Great Change
13	管理：使命、责任、实践（使命篇）	33	德鲁克看中国与日本：德鲁克对话"日本商业圣手"中内功Drucker on Asia: A Dialogue between Peter Drucker and Isao Nakauchi
14	管理：使命、责任、实践（责任篇）Management: Tasks,Responsibilities,Practices	34	德鲁克论管理Peter Drucker on the Profession of Management
15	养老金革命The Pension Fund Revolution"	35	21世纪的管理挑战Management Challenges for the 21st Century
16	人与绩效：德鲁克论管理精华People and Performance	36	德鲁克管理思想精要The Essential Drucker
17	认识管理An Introductory View of Management	37	下一个社会的管理Managing in the Next Society
18	德鲁克经典管理案例解析（纪念版）Management Cases(Revised Edition)	38	功能社会：德鲁克自选集A Functioning society
19	旁观者：管理大师德鲁克回忆录Adventures of a Bystander	39	德鲁克演讲实录The Drucker Lectures
20	动荡时代的管理Managing in Turbulent Times	40	管理(原书修订版)Management(Revised Edition)

明茨伯格管理经典

Thinker 50终身成就奖获得者，当今世界杰出的管理思想家

写给管理者的睡前故事
图文并茂，一本书总览明茨伯格管理精要

管理者而非MBA
管理者的正确修炼之路，管理大师明茨伯格对MBA的反思
告诉你成为一个合格的管理者，该怎么修炼

拯救医疗
如何根治医疗服务体系的病，指出当今世界医疗领域流行的9大错误观点，提出改造医疗体系的指导性建议

战略历程（原书第2版）
管理大师明茨伯格经典著作全新再版，实践战略理论的综合性指南

管理进行时
继德鲁克之后最伟大的管理大师，明茨伯格历经30年对成名作《管理工作的本质》的重新思考

明茨伯格论管理
明茨伯格深入企业内部，观察其真实的运作状况，以犀利的笔锋挑战传统管理学说，全方位地展现了在组织的战略、结构、权力和政治等方面的智慧

管理至简
专为陷入繁忙境地的管理者提供的有效管理方法

管理和你想的不一样
管理大师明茨伯格剥去科学的外衣、挑战固有的管理观，为你揭示管理的真面目

战略过程：概念、情境与案例（原书第5版）
殿堂级管理大师、当今世界优秀的战略思想家明茨伯格战略理论代表作，历经4次修订全新出版

战略过程：概念、情境与案例（英文版·原书第5版）
明茨伯格提出的理论架构，是把战略过程看做制定与执行相互交织的过程，在这里，政治因素，组织文化，管理风格都对某个战略决策起到决定或限制的作用